U0934913

一堂让职场女性充满正能量的修炼课

传递正能量 争做优秀职业女性

安　之　李军燕◎编著

Chuandi Zhengnengliang Zhengzuo Youxiu Zhiye Nvxing

常有人说：我现在没有正能量，等我升了职、加了薪……就不会这样了。

其实，正能量的人在哪里都一样充实、快乐、情绪饱满、积极向上……反之亦然。所以，做一个充满正能量的女性吧，你一定会有意想不到的收获！

新　华　出　版　社

图书在版编目(CIP)数据

传递正能量 争做优秀职业女性/安之，李军燕编著. — 北京：新华出版社，2015. 1
ISBN 978-7-5166-1462-4

Ⅰ. ①传… Ⅱ. ①安…②李… Ⅲ. ①女性—成功心理—通俗读物 Ⅳ. ①B848. 4-49

中国版本图书馆 CIP 数据核字(2015)第 006669 号

传递正能量 争做优秀职业女性

作　　者：安之 李军燕

出 版 人：张百新　　**责任编辑**：朱思明

封面设计：国风设计

出版发行：新华出版社

地　　址：北京石景山区京原路 8 号　　**邮　　编**：100040

网　　址：http://www. xinhuapub. com　　http://press. xinhuanet. com

经　　销：新华书店

购书热线：010—63077122　　**中国新闻书店购书热线**：010—63072012

照　　排：北京中工干教文化交流中心

印　　刷：北京柯蓝博泰印务有限公司

成品尺寸：170mm×240mm 1/16　　**印　　张**：14

字　　数：200 千字　　**版　　次**：2015 年 1 月第一版

印　　次：2015 年 1 月第一次印刷

书　　号：ISBN 978-7-5166-1462-4

定　　价：35. 80 元

前言 Preface

职场正能量是指职场上一种积极向上的力量，一种正面的能量。

每个人的内心都蕴藏着正、负两种能量。那些饱含积极、健康、催人奋进的力量和希望，能激发出你的最大潜能，引领你走向成功。我们称之为正能量。那些暗含着抱怨、消极、浮躁、冷淡、嫉妒、自卑、攀比、懒惰、多疑、麻木等的消极情绪，使人意志消沉，创造力受损，影响人的身心健康，我们称之为负能量。

现代职业女性要懂得：如今，人们对魅力的定义已经从单纯的表面光鲜转为一种能量的具备和展现，这种能量是由内而外散发出来的特有气质。它不仅包含容貌服饰是魅力之形，更侧重高学识、阅历、职场情绪，工作态度等魅力之本。对于大部分职业女性而言，拥有正能量，已变成她们玩转职场的通行证。

面对工作时，每个职业女性手中握着一把达摩克利斯剑，它的一面写着“积极心态”，另一面写着“消极心态”，积极的心态可以使你达到人生的顶峰，而消极的心态会使你一生贫苦和不幸。

我们不妨把这种积极心态看作一种职场正能量。如果一个人心态很好，即使目前的工作不是很理想，她也能够心平气和去面对。这种积极心态也会产生好的工作态度，使其工作效果更好。同时，她把这种能量传到别人身上，也能产生巨大推动作用。相反，如果对工作心不在焉，或者心烦意乱，这种消极的心态就会带来不愉快甚至是恶劣的工作态度，其工作效果就必然很差，这对其他人也是一种影响。

这正是二者的差异之处。传递正能量，争做优秀职业女性。不是口号上的宣传，而是需要我们把口号转化为实际行动，落实到具体工作当中去。在日常工作中，很多的细节都是传递正能量的信号。

我们生活的时代是个需要正能量的时代，国家需要正能量，社会需要正能量，企业需要正能量，个人更需要正能量。作为新时代女性，我们有责任，也有义务去回应这个时代的要求，散发属于自己的那一缕能量光芒。

本书中，我们列举了职场正能量的方方面面，希望能为广大女性朋友提供一个全新的视角，去认识正能量，发现正能量，传递正能量。

目 录
Contents

第一章 练好"内功",修养品质:做内涵丰富的职业女性

如果女人只注重外在美,而忽略了内在品质的修炼,那这种美是苍白的,只能迷惑人的眼睛,无法滋润人的心灵,是谈不上魅力的。女性真正魅力的展现绝不是在外表,而是在内心,通过丰富内心,让美有内涵,有生命力。

第二章 战胜弱点,完善自己:做阳光灿烂的职业女性

随着经济的发展,现代社会压力越来越大,在这样的压力下人更容易暴露弱点,容易产生不良情绪,严重影响我们正常的工作生活,因此,我们要学会调节自己,战胜弱点,完善自己,赢在职场。

第三章 勤思善学，自我充电：做聪明灵慧的职业女性

要做就做聪明灵慧的职业女性,而不是在职场中充当“花瓶”,这就要求我们要勤于思考,不断学习,没有思考就没有进步,不持续学习进步就没有动力,就会止步不前,就会被淘汰。

第四章 努力工作，忠诚敬业：做优秀能干的职业女性

“巾帼不让须眉,谁说女子不如男”,职场中女性同样可以优秀能干,这无不源于自身努力的结果。我们可以不聪明,但绝不能不努力,我们可能没有天才的成就,但我们可以通过努力实现自己的价值,全力以赴,做最好的自己。

第五章　善于沟通，精于交流：做八面玲珑的职业女性

人际关系是职场关系的重要组成部分，身在职场，我们必须重视，要懂得如何与人打交道，善于沟通交流，知道什么该做，什么不该做，通过行为方式的转变，从而与人和谐相处，让自己游刃有余。

第六章　装扮形象，塑造美好：做优雅靓丽的职业女性

每位女性都是职场一道亮丽的风景，需要我们去塑造，需要装扮与修饰，让自己变得赏心悦目，给人一种美好印象。这不仅是对别人的一种尊重，也大大提升了自己的自信，有利于工作的开展，有利于事业的成功。

第七章　懂职场礼仪，显女性魅力：做得体合度的职业女性

职场礼仪是一种素质的体现,有助于展现个人魅力,让自己脱颖而出。尤其是女性,懂礼仪让你变得举止有礼、言语得当,能更好地与人相处,别人也愿意与你相处,不论对工作还是生活都有极大的促进作用。

第八章　快乐工作，幸福生活：做潇洒自如的职业女性

工作和生活是人生的两大组成部分,也是职业女性要面临的一大难题,如何处理好两者的关系至关重要。作为职业女性,我们要学会平衡,既要快乐工作,又要幸福生活。

第九章 关注健康，呵护自己：做活力四射的职业女性

健康是一切的前提，是职业女性最大的资本，如何呵护健康是人生的一堂必修课。职业女性应从各方面关注自身健康，掌握和了解科学的健康知识，只有这样，才能使身体健康，才能充满活力地去应对工作挑战。

第一章

练好"内功",修养品质:做内涵丰富的职业女性

如果女人只注重外在美,而忽略了内在品质的修炼,那这种美是苍白的,只能迷惑人的眼睛,无法滋润人的心灵,是谈不上魅力的。女性真正魅力的展现绝不是在外表,而是在内心,通过丰富内心,让美有内涵,有生命力。

1

充满自信，做最美丽的女人

充满自信的女人是最美的。她的美根植于内心深处，是灵魂上的美丽，她相信自己，对自己所做的一切都充满自信，坚信自己是最美丽的，这样的女性才是最吸引人的。女人可以不漂亮，可以不高贵，可以不富有……但是女人不能没有自信。归根结底，真正的美丽还是源于自信。自信对于女人是很重要的，如果你想做个美丽女人，那么，请扬起你自信的脸庞，让自信的微笑时常挂在你的嘴角，相信无论何时何地，你都会成为最美丽的女人。

自信是女人最好的化妆品，它装点着女人生命的美丽。女人有了自信，才能由内而外显现出优雅魅力。自信的女人，走路时不会踟蹰不前，而是昂首阔步，脸上从容不迫的表情告诉我们她很自信；自信的女人，无论她置身于高雅的西餐厅还是路边的大排档，同样微笑着绽放自己的优雅魅力；自信的女人，说话做事不会犹豫不决，而是果断地做出决定，淡定而从容。自信的女人，她们的家庭、事业，也不是没有波澜的，偶尔遭遇的困难和挫折，也会在她们自信的举手投足之间迎刃而解。女人只要拥有了自信，便拥有了前进的动力，她们清楚地知道自己想要些什么，该做些什么。也许，她们并没有美丽的容颜，但是那种由内而外散发出来的自信，足以征服每一个人。她们相信自己是唯一的，是无人可替代的，当你拥有了自信，你就变得美丽，你的人生就会绚丽多彩。

自信能使女人变得独立,使她们在工作中能够独当一面。当女人拥有了自信,她就会在待人接物方面得体大方,处理事情干净利落,在任何时候都会有自己的想法和主张。这样自信的女人,总能得到人们的尊重。那份自信,使得她们变得光彩照人,从容优雅。所以,无论她们身处何方,都将成为万众瞩目的焦点,而且不会因为青春不再而失去自己的魅力。

有一个小女孩内心很自卑,总是觉得自己很丑,因而总是故意疏远别人。其实她是个很漂亮的女孩子,由于她很自卑,只生活在自己的世界里,从不主动与周围的人说话,所以也一直没有人称赞过她漂亮。直到有一天,妈妈送给她一朵漂亮的花,并对她说:"这是朵有魔力的花,谁带上它谁就会变得很漂亮。"小女孩高兴地接过了花,并戴在头上。小女孩想:我现在是个漂亮的女孩了,于是,她蹦蹦跳跳地走出家门,一路上,她看到谁都礼貌地打招呼,别人也愉快地回应着,并且纷纷称赞她是个漂亮的女孩。女孩心里别提多开心了。走着走着,路过一条小溪,小女孩看到河里的倒影,大叫起来:"我的花不见了!"她连忙跑回家找妈妈,刚跑到家门口,就看到妈妈笑眯眯地站在家门,手里拿着那朵有魔力的花。此刻,小女孩全明白了,原来妈妈所说的能变漂亮的魔力,就是自信啊。她感谢妈妈,用这种特殊的方式让她找回了自信。

自信的女人,能够在职场中挥洒自如,在上司和下级面前表现出自己卓越的工作能力。当然这来源于对自我正确的估计和积极的肯定,对自我能力的判断和坚持不懈。

自信使女人在为人处世上从容大度、和蔼可亲和令人信任。一个女人要想自信,首先要克服自卑,做事不要瞻前顾后、犹豫不决;自卑是一种消极的心态,一个自卑的人是不可能正确评价自己的形象、能力和品质的,总是拿自己的弱点与别人的长处比,觉得自己事事不如人,在人前自惭形秽，悲观失望，不思进取，甚至沉沦。在这个充满竞争的社会，那种自怨自艾、柔弱无助的女人已失去竞争力。女人充满自信，学会战胜自我和完善自我才是最重要的。

有人曾经说过这样一句话：自信是女人最好的装饰品，一个失掉信心，悲观绝望的女人，就算她长得漂亮，也绝不会有那摄人心魂的魅力。这句话生动地说明了自信对女人的重要性。自信的女人不惧怕失败，她们用积极的心态面对现实生活中的磨难和挫折；她们用微笑面对扑面而来的冷嘲热讽；她们用实际行动维护自己的尊严。这一切都淋漓尽致地表现出自信者的气度，一种坦诚、坚定而执着的向上精神。美貌可使人骄傲一时，自信可使人骄傲一生。自信是一种财富，永远不为外人夺取、永远属于她自己的财富。

自信的女人最美丽，它是一种内在的美，呈现在人生的各个方面，让人过目不忘，为之着迷。这种自信，正是职业女性正能量的源泉。因为自信，她们充满激情；因为自信，她们无比美丽！

2

愈挫愈勇，做一个不怕失败的强女人

世上凡能成大事者，无不经历多次失败，而后才能取得成功。林肯入主白宫前，经历过十几次竞选失败。爱迪生试遍了上万种材料，才找到了我们今天所用的钨丝。历史证明，失败不是灾难，而是成功的要素。我们必须学会把失败看成有益的成长经历，它的前前后后，无不充满教益。要

向失败学习，就必须先经历失败，而且不怕失败，愈挫愈勇，鼓起勇气，付诸行动，体验失败，从中获益。究竟是什么造成年华虚度呢？是失败，还是对失败的恐惧？我们有没有想过，由于惧怕失败，害怕尝试，使得本应该充实、精彩、丰富的生活变得黯然失色。

面对失败，我们要接受失败，不管失败带来什么样的结果，我们一定要振奋，结果越是糟糕，我们越要振奋。而不是像个小女孩那样被吓哭，而是要挺起胸膛，扬起头颅，迎接失败，在失败中酝酿成功。我们要知道，挫折、困难正是学习的良机。事业之初的失败常常给你带来沉重打击，只有坚忍不拔，在逆境中学习，并且从中获得本领，才能体会到成功的快乐。

在世界科学史上，居里夫人不仅是第一位获得诺贝尔奖的女性，而且成为在两个不同科学领域、两次获得诺贝尔奖的著名科学家。然而她的一生是相当坎坷的。居里夫人原名玛丽，她的童年很不幸，母亲和姐姐在她很小的时候就相继去世，生活异常艰辛。但就是这样的环境，磨练了她的意志，培养了她独立的性格。她是波兰人，当她以优异的成绩高中毕业时，因波兰不收女性入大学而备受打击。但她读大学的信念并未因此而改变，于是她以做家教的方式攒钱去法国留学。做家教期间，她与雇主的长子热恋，但因贫富悬殊无疾而终。尽管如此，她仍没有消沉，在调整好心态后，她又满怀信心地面对人生。几年后，她只身来到法国巴黎，结识了与比埃尔·居里并与之结婚。他俩共同就柏克勒尔在当时首先发现的放射性现象进行实验研究，在战胜了一个又一个的挫折后，相继发现了钋和镭两种天然放射性元素，并以此和丈夫一同获得了诺贝尔物理学奖。几年后她丈夫不幸死于车祸，她强忍悲痛，继续研究放射性现象，终于又一次获得诺贝尔化学奖。

不要害怕失败，要敢于面对失败，化失败为动力，为下一次成功储存力量。案例中的赵凤霞，凭着过人的勇气胆识，敏锐的市场战略，以及不怕失败的精神，最终取得了巨大的成功。著名主持人杨澜说过这样一句话：人年轻的时候如果连失败的勇气都没有，那人生也太平淡了。

人生有两杯必喝之水，一杯是苦水，一杯是甜水，没有人能回避得了。区别不过是不同的人喝甜水和喝苦水的顺序不同，成功的人往往先喝苦水，再喝甜水，而一般人都是先喝甜水，再喝苦水。任何一个人走向成功的发展之路，都不会是完全笔直的，都要走些弯路，都要为成功付出代价，这代价就是失败。成功者也会失败，但他们之所以是成功者，就在于他们失败了以后，不是一蹶不振，而是从失败中总结出经验教训，并从失败中站起来，发奋上进，于是成功就不期而至；失败者则不然，他们失败之后，不是积极地从失败中总结经验教训，而是一蹶不振，始终生活在失败的阴影里。他们可能也会“总结”，但他们的总结只限于曾经失败的事情：“我当初要是不那么做就好了”“开始我要是如何做就不会失败了”……“要是”“如果”之类的词是失败者口中出现频率最高的词语。对于这些人，“失败”是毫无疑义的，因为他们没从失败中总结经验，最后只能是两手空空。

做任何事情，要想取得成功，都必须有一种顽强的毅力。在生活中，我们每个人都有自己做人的目标和方向，当我们的方向选准了，目标找对了的时候，坚持就显得十分重要。可是真正的坚持并不是一件容易的事，有的人坚持住了，成为了成功者；有的人虽然也给自己定下了目标，可是稍微遇到一点儿困难与挫折，就觉得自己再也没有能力坚持下去，只能以失败告终。凤凰涅槃于火焰，珍珠璀璨于伤痕。在实现目标的过程中不可能总是一帆风顺，一定会有很多困难和阻挠在等着我们，能不能克服这些成功路上的阻碍，就要看有没有这份自信，来激发内心顽强的毅力。

作为女人，在生活工作中一定要有不怕失败的精神，做一个不被失败击倒的强女人，让自己活得精彩无比。女人一定要自强，做个自强的女人，经济上独立，精神上乐观，家庭幸福，事业成功，这才是真正的幸福。自强的女人不同于自负的女人，自负的女人，或者容貌出众，或者才华杰

出，或者家财万贯，或者权倾一时。而自强的女人，可能一无所有，但她们终究会拥有一切，因为她们不怕失败，从不向命运低头，她们自信而坚定，有自己的信念，不会被失败打倒，她们懂得失败是成功之母。

人生在世，失败是我们必须要面对的，区别就在于我们以怎样的心态去面对，愈挫愈勇才能展现生命的顽强，展现人生的正能量。这种正能量不断地激发我们，让我们变得坚强、变得无所畏惧。

3

学会控制情绪，我的心情我做主

女人都有一个共同的特点——情绪化，有时兴高采烈，有时黯然悲伤……女人有时看重的并不是如何解决问题，而是希望尽情地宣泄情绪。只有当她们真正冷静下来的时候，才可以真的听进去建设性的意见。女人的情绪化，主要是因为自身的心理素质太差。对于职业女性来说，情绪化更是要不得。

情绪对人的生活、事业与健康都有着十分重要的影响。不正常的情绪变化可能引起多种疾病，情绪化的人其实是某种意义上的不成熟，情绪不稳定主要是由于自身的心理素质太差。情绪化的人不仅会造成心理上的创伤，还会影响工作和生活。感情用事就是在感情冲动的情况下，做出的缺乏理智的行为。有些感情用事虽然没有引起明显的恶果，但可能伤害别人的情感，成为以后的隐患。感情用事的人往往为人处世情绪化，言行都带着强烈的感情色彩，不根据事理，不考虑客观情况，一厢情愿而做出很多过激行为。

小惠是一家跨国企业的职员，工作能力很强，这一点也得到了上司的充分肯定。平时，小惠的直率是比较受人欢迎的。

但是，小惠却在职场中犯了大忌。事情的起因是单位提拔了一个无论资历、能力还是业绩都不如小惠的同事。小惠知道后心里很不平衡。小惠认为上司太偏心了，心里既委屈又愤怒。她义愤填膺地跑到上司的办公室去质问，并义正辞严地与上司“理论”起来，上司被小惠搞得非常狼狈。

而小惠不仅情绪受到了影响，也因此影响了工作，同事也不敢轻易同她说话了。小惠很难受，又气又急又窝火，自己怎么也想不通为什么自己那么努力工作，领导安排的工作都能高标准地完成，可为什么总是费力不讨好呢？看看那位同事，业绩平平却总是好事不断。

分析一下，虽然原因是多方面的，最主要的原因就是小惠犯了职场中的大忌——太情绪化了。没有良好的心理素质，碰到事情和问题很少多想个“为什么”，只凭着感觉和情绪办事，只是努力工作，想拿业绩说话，在为人处世上也缺乏技巧，遇事容易冲动。小惠也想让自己“老练”和“成熟”起来，然而一碰到让人恼火的事情，她就控制不住自己的情绪，尽管事后觉得不值，但当时就是不能冷静下来。

在职场中，情绪化的女性大多不受欢迎，她们往往自以为是，容不得任何批评和建议，常常怒气冲冲，爱向人发脾气，为了一点小事儿情绪失控，语言偏激，或者牢骚满腹，终日抱怨。案例中的小惠，因为她太情绪化，一遇到问题就控制不住自己的情绪，产生不理智的行为。由此可见，控制好自己的情绪是多么的重要。我们要做到收放自如地执行工作，把自己原来的情绪放在一边，专心配合领导、同事的工作要求，表现出适当

的情绪，从而制造出一种轻松、适宜的气氛，既有利于同事，也表现合理的情绪，更无疑会令自己受欢迎。

每个人的情绪都会时好时坏，学会控制情绪是我们成功和快乐的要诀。女人是感性的，在职场中如果带着情绪去工作，就会影响到工作，那该如何避免职场情绪化呢？

(1)丰富自己的内心。或许在职场中你总如阳光般温暖周围的人，帮助周围的同事，但长此以往可能会导致自己的疲劳，导致消极情绪，所以适时地关心一下自己，丰富自己的内心，给自己的内心增加正能量。还要学会宽容，宽容是一种美德，是对犯错误的人的救赎，也是对自己心灵的升华。不要总是想着对方如何得罪了你，给你造成了多大的伤害或损失。想想对方是否值得你如此发火，他是故意的还是无心的？平日待你如何？给对方一个机会，就是给自己一个机会。对于一些人，原谅，远远要比惩罚来得有效。也许只是一时的失误，也许只是一闪而过的歪念。人总有犯错误的时候，对人不要过于苛刻。

(2)转移注意力。当人的情绪处于低潮时，对任何事情都提不起兴趣，总是想着那些伤心的事情。所以，要想摆脱这种不良情绪，首先应该让自己不要总是去想这些问题，转移注意力。有时候，一些事情是人们无法改变的。既然如此，不如尝试着去接受，去面对现实。一个人不可能改变全世界，世界不会因你而改变。我们所能做的，就是适应这个世界。

(3)学会控制自己。调动理智控制自己的情绪，使自己冷静下来。在遇到较强的情绪刺激时应尽快冷静下来，分析一下事情的前因后果，再采取恰当的方式予以表达。比如，当你被别人无聊地讽刺、嘲笑时，如果你反唇相讥，则很可能引起双方争执不下，怒火越烧越旺，自然于事无补。但此时如果你能提醒自己冷静一下，采取理智的对策，如用沉默为武器以示抗议，或只用寥寥数语正面表达自己受到伤害，指责对方无聊，对方反而会感到尴尬。

(4)学会自我排解。首先，不要放弃对美好事物的渴望和追求，有希望才会有动力。其次，如果你真心想摆脱目前的困境，那首先要敢于面对困难，一味逃避，只会让自己的痛苦之路更加漫长。当你遇到不顺心的事时，要学会多做几个深呼吸，尽力使自己冷静下来，之后可以找你最信任的好朋友倾诉；也可以到外面去散散心，把那些不愉快暂且忘到脑后，等到理清思绪再做定夺；或让自己忙碌起来，转移注意力；不要因为别人的评价而否定自己。身为职场中的一员，只要顺从自己的内心，努力做好自己的工作就可以了，太过在意别人的评价反而会让自己很累。职场女人要肯定自己，这样才能成为洒脱自信女人。

(5)正确面对自己的选择。有时候对一件事，因时间的改变会有不同的感受，当时对你来说是很痛苦的一件事，过一段时间之后，你也许会有另一番见地。尝试从不同的角度看问题，你也许会发现，痛苦并不像你想象的那样真实。一个成熟的人，应该勇于对自己做过的事情负责。对于自己做过的事情，不要后悔，因为这是你自己的选择。这样的选择，是被当时的你所认可的，因此，你没有理由去后悔。不要总是想着也许我那样做就不会有这样的后果了。要知道，不要以同一个结果去比较不同的选择，也许另外一个选择导致的结果比现在还糟糕。既然选择了，就不要后悔。

我们每个人都有情绪，这是正常的，但情绪如果失控就会很糟糕。学会控制情绪是一种正能量的体现，我们能控制自己，就能把握未来。我们要拥有这种自控力，我们要做自己情绪的主人，把握自己的命运。

4

拥有积极心态，绽放女性光彩

心态表示一个人的精神状态，只要有积极的心态，你就能每天保持愉悦的心情。心态积极，做事顺利。记住，做任何事情一定要有积极的心态，要学会调整心态，只要有良好的心态工作就会有方向，人只要不失去方向就不会失去自己。人活在世上，凡事都要看开点，看远点，看淡点，心胸要豁达些、大度些，相信办法总比困难多，也就没有流不出的水和搬不动的山，更没有钻不出的窟窿及结不成的缘。要想活得快乐，就必须要有一个好心态。无论遇到什么事，学会换个角度去思考，就会感到快乐。有的人拥有一份很不错的工作，但由于他的心态不好，总是想着一些不如意的事情，因此也总是闷闷不乐。相反，有的人工作并不是很理想，却有着积极的心态，把所有的挫折都看作是磨练自己的机会，这样的人不仅得到别人的敬佩，更会最终收获成功。

职业女性在面对挫折和失败时所持有的心态，将影响她的一生。成功学大师拿破仑・希尔认为，如果你常流泪，你就看不见星光，对人生对大自然的一切美好的东西，我们要心存感激。用积极的心态面对一切，人生也就会显得美好许多。

有人说，心态决定一切。积极的心态是一种主动的生活态度，拥有了积极的心态，人也会变得阳光、开朗。积极的心态能使心志柔弱的人变得意志坚强。对于那些拥有积极心态的人来说，每一种逆境都隐藏着良机，即使他们身陷困境，也能以愉悦和创造性的态度走出困境。

在职场中，心态的好坏直接影响工作，任何人也不愿意和一个整天提不起精神的人打交道，任何一个老板也不会重用一个心态消极、看起来萎靡不振的员工。微软公司的招聘官就说过这样的话:我们愿意招的“微软人”,他首先应是一个非常有激情的人:对公司有激情、对技术有激情、对工作有激情。什么是有激情的人?就是拥有积极心态的人,对工作充满热情,有干劲,这样的员工,是受欢迎的。因为他们在工作中激情四射,这种状态不仅有利于做好工作,而且还能感染其他同事,带来一种奋发向上的工作氛围。作为职业女性,我们一定要有这种积极的心态,在职场中绽放女性光彩,做到巾帼不让须眉,因为认真工作的女人最美丽。

拥有积极心态具有重要意义,积极的心态能使女性在社交和工作中有着强烈的感染和吸引别人的力量。心理学家认为,积极的人之所以被人们喜欢,是因为积极的品质包含了更多的个人内容,它让人们联想到与之相关的其他优良品质和特性,这正是“光环效应”的反映。一旦我们被拥有积极心态的人吸引,我们就会认为她真诚、乐观。她感染着我们的情绪,带给我们美妙的心境,让我们感到愉快。

拥有积极心态的女性乐观豁达,她们对生活充满了信心,她们随意的一个微笑,就能散发出一种极强的亲和力,这种感染力让她身边的人也焕发出蓬勃生机,这样的女子,把生活打理得井井有条,别有情趣,她们愿意倾听锅碗瓢盆的交响曲,也更愿意享受烛光晚宴的旖旎。拥有积极心态的女人如同灿烂的阳光,照到哪里哪里就不再有阴暗,她们如花的笑靥能驱散所有的愁云,她们本身就有一种神奇的力量,感染并吸引四周的人向她靠近;她们对任何事情都抱有热烈的希望,笑面生活,乐对坎坷,悲怨、忧伤、郁闷、哀愁从来与她无缘;她们开朗亲切,人见人爱,光彩照人。

我们享受工作生活,就要建立积极的心态。积极的心态是从正面看问题,乐观地对待人生,乐观地接受挑战和应付麻烦。所以就算工作不尽如人意,也不要愁眉不展、无所事事,要学会掌控自己的情绪,让一切变得积极起来。在充满竞争的职场里,在以成败论英雄的工作中,谁能自始至终陪伴你,鼓励你,帮助你呢?不是老板,不是同事,不是下属,也不是朋友,他们都不能做到这一点,唯有你自己才能激励自己更好地迎接每一次挑战。工作时神情专注,走路时昂首挺胸,与人交谈时面带微笑等等,都

会让老板、同事觉得你是一个值得信赖的人。总之，每天精神饱满地去迎接工作的挑战，以最佳的精神状态去发挥自己的才能，就能充分发掘自己的潜能。同时你的内心也会变化，变得越发有信心，别人也会越发认识到你的价值。

积极的心态是可以培养的，可以从以下几个方面努力：

（1）清除消极思想。在工作生活中，我们必须每日清除心里的杂草。要常常保持乐观，如果你光看到自己生命中的灰暗面，强调各种可能的困难，那你就把自己置于消极的状态中了。你应该尽快清除无用的消极杂草，回到积极的心态中去。

（2）远离思想消极的人。你周围的人并不完全一样，有的是消极的，有的是积极的。有的是不得已而工作，而有的是胸怀大志，为进步而工作。有的同事贬低领导所说的一切，所做的一切，有的则能客观地看问题，而且充分认识到那些居于要职的领导人一定是优秀的人才。远离这些思想消极的人，多与思想积极的成功人士交流，你会因此而更加积极有为！

（3）强化你的积极态度。保持积极心态，还需要用一些方法来使它得到强化，得到长时间的保持。定一些具体的目标，清楚地写下你的目标，达到目标的计划，以及为了达到目标你所愿意付出的努力。立即执行你的计划。正确而且坚定地照着计划去做。经常听愉快、鼓舞人的音乐。多看一些励志方面的书籍和光碟。回忆或向身边的人分享一些比较成功的事情。另外，要保持对工作的新鲜感，把自己的事业、成功和目前的工作连接起来；给自己不断树立新的目标，挖掘新鲜感；把曾经的梦想捡起来，找机会实现它；审视自己的工作，把它完成得更好。

点赞正能量

积极心态是一种人生态度，它是一种向上的力量，让我们笑对人生，心中充满阳光。在职场，这种积极心态，让职业女性真诚乐观，奋发向上，绽放女性特有的光彩，绚烂无比。

5

学会宽容，做一个心胸宽阔的大女人

富兰克林曾说："对于所受的伤害，宽容比复仇更高尚。因为宽容所产生的心理震动，比责备所产生的心理震动要强大得多。"大海因为能够容纳百川，所以可以成为浩瀚的海洋。宽容是原谅可容之言、饶恕可容之事、包涵可容之人。宽容是一种修养，是一种境界，是一种美德；是一种非凡的气度，宽广的胸怀，是对人、对事的包容和接纳；是一种高贵的品质，是精神的成熟，心灵的丰盈；是一种仁爱的光芒，无上的福分，是对别人的释怀，也是对自己的善待；是一种生存的智慧，生活的艺术，是从容、自信和超然的人生态度。

小贾是公司销售部一名员工，为人比较随和，待人谦恭有礼，和同事的关系处得都比较好。但是，前一段时间，不知道为什么，同一部门的小李老是处处和她过不去，有时候还故意在别人面前指桑骂槐，对跟她合作的工作任务也都有意让小贾做得多，甚至还抢了小贾的好几个老客户。起初，小贾觉得都是同事，没什么大不了的，忍一忍就算了。小李却越来越嚣张，其他的同事有看不下去的就劝小贾去告诉经理，替自己出气。但小贾并没有这么做，她考虑到小李是不是有了一些什么想法，产生了一些误会，才让她对自己的态度变得这么恶劣，一天趁着午休时间，小贾主动和小李进行了一次真诚的沟通，原来是因为小李

听信了一个客户的言论，误认为小贾在背后说她的坏话，将自己在工作中的失误跟经理打小报告，这才会对小贾恶语相向。误会消除了，俩人又重新恢复到和谐的同事关系。一场职场硝烟在小贾的体谅与宽容下烟消云散。

学会宽容，首先要对自己宽容。只有对自己宽容的人，才有可能对别人也宽容。学会宽容不仅有益于身心健康，而且对赢得友谊、家庭和睦、婚姻美满，乃至事业的成功都是必要的。因此，在日常生活中，无论对子女、对配偶、对老人、对学生、对领导、对同事、对顾客、对病人……都要有一颗宽容的心。宽容，它往往折射出为人处世的经验，待人的艺术，良好的涵养。学会宽容，需要自己吸收多方面的“营养”，需要自己时常把视线集中在完善自身的精神结构和心理素质上。

女人的宽容是一种高贵的品质，是女性成熟的标志。女人的宽容是对别人的释怀，也是对自己的善待。女人的宽容，是一种修养，是一种超凡脱俗的气度，是与世无争的一份淡然。拥有宽容之心的女人，豁达大度、笑对人生。她会拥有一种恬淡、安静的心态，她会去做自己应该做的事情。俗话说：吃亏是福。这种吃亏，其实就是一种宽容的智慧。以一种博大的胸怀和真诚的态度宽容别人，就等于送给自己一份神奇的礼物。宽容不是软弱、屈从，不是面对现实的无可奈何，而是智慧的处世之道。

宽容的女人是富有魅力的。在生活工作中，我们很多时候对自己很宽容，却苛求别人，这样只会让我们的生活过得越来越累，越来越失望。如果我们能够用一种宽容的心态去对待周围的人和事，我们自己就会获得更多的快乐和满足。宽容的女人也是自制力强的女人。自制，就要克服欲望，不要因为有点压力就心里浮躁，遇到一点儿不称心的事就大发脾气。

要想在人生旅程中顺利的话，就必然离不开宽容。宽容体现在对别人的不苛求，能够容忍他人，每个人都是有自己的思维、工作、学习和生活习惯的，既然有其长处，就有其短处。有时我们在和不同的人打交道时，要善于接受别人的缺点，发现他人的长处，这才是成功的处事之道。胸襟广阔，能够容忍他人，能够容忍他人所犯的错误，这些都是现代女性所追求的一种高尚境界。当然，宽容不是无条件的，面对大是大非和违法乱纪的人和事绝不宽容。所谓大事情讲原则，小事情讲风格，这就是我们应该采取的态度。在短暂的生命里程中，要学会宽容，这就意味着你的心情更加快乐，宽容就会让你更具有女人的魅力。

职业女性学会宽容要注意以下几点。

(1)真正的宽容来自内心的力量。多一点对别人的宽容，自己就多一点空间。面对摩擦和误解甚至伤害，你的宽容，别人也许会因此自我反省、自我思考。

(2)给自己与别人改正的机会。人都会有犯错误的时候，不要因为别人的一次错误而看不起别人，宽容，让对方能够有机会去改正。同时，面对自己，也要不断发现并改正自己的错误，不断提高自己的思想境界。只要能够从错误当中吸取教训，及时改正，都是值得高兴的事情。

(3)不过度追求完美。工作生活中，不要过多地要求自己，不要苛求自己再各个方面都做到很出色很成功，你只需要在自己的生活中，不断努力完善自己，同时享受当下的生活，那就是最棒的了。

(4)既要学会宽容别人，也要学会宽容自己。对别人的宽容，能够得到别人的理解、尊敬和认可，宽容自己，则是给自己更多的完善自我与追求前进的动力和能量，让自己的生活变得更好更幸福。

点赞正能量

宽容是这个世界上最伟大的力量，是人类最高贵的品质，有容乃大。宽容是正能量的内在表现，是一种人生智慧，因为宽容，所以美丽；因为宽容，所以幸福。

6

心存善良，展现女人的向善之美

古人有曰：“勿以恶小而为之，勿以善小而不为。”善良是人性中最基本的品格，也是人性里最为朴素的美，只有在善良的土壤里，才能开出崇高的品德之花。我们不能苛求每一个人都具有崇高的品德，但我们可以做到心存善良，多做善事。其实，善良很简单，也许只是一个举手之劳，也许只是几句暖人的话语，也许只是一颗清纯之心，也许只是一个苹果、一口水、一个眼神，却可以厚德载物，甚至改变一个人的命运。小善就像春天里缓缓流动的微风，尽管不是那么强劲，却能交错辉映出人世间最美的波纹。善是一种爱的表达，只要我们坚持从小善做起，人生就会焕发出善良的独特光辉。心存善良之人，可以驱赶寒冷，横扫阴霾。善意产生善行，同善良的人接触，往往智慧得到开启，情操变得高尚，灵魂变得纯洁，胸怀变得更加宽阔。与善良之人相处，不必设防。播种善良，才能收获友爱。一个人可以没有让旁人惊羡的姿容，也可以忍受贫困的日子，但离开了善良，却足以让人生搁浅和褪色，因为善良是生命的黄金。多一些善良、多一些谦让、多一些宽容、多一些理解，让人们在生活中感受到美好和幸福，这是善良的人们向往和追求的，也是我们勤劳善良的中华民族所提倡和弘扬的。

人生是个大舞台，在这多姿多彩的人生舞台上，每个人都是主角，各自演绎着自己动人的故事。每个人都希望自己能像磁铁一样，牢牢吸引观众的眼球。女人更是如此，为了使自己变得有魅力，女人会使用高档亮丽的化妆品，穿着华丽的服饰。可是当女人素颜站在镜子前审视自己时，才发现自己依然是原来的自己，并没有因打扮而变得魅力无限，楚楚动人。在任何社会与环境里,华丽打扮的美丽与娇媚容貌的美丽都只是暂时的;而善良的女人总被认为是最美丽的,因为善良这种美丽是用“心”评出来的。女人漂亮是一件好事,这往往能给人良好的第一印象,但是如果女人把漂亮当作资本而放弃善良,就不再有美丽可言了。

善良的女人不会把漂亮当成资本。她们即使美丽,也不断地提高自己的修养、丰富自己的内涵。善良的女人从不怨天尤人、牢骚满腹;善良的女人能够理解体贴他人;善良的女人常常为他人雪中送炭。善良的女人如茶如花,时时散发着芬芳。

在职场中善良也是很重要的,尤其对女性来说,展现善良能让你赢得好人缘,营造良好的人际关系。这就要求我们对同事要怀一颗善良之心,不可做一些损人的事情,同事之间出现矛盾,不能只顾个人得失,要懂得站在别人的立场考虑问题,争取和平解决问题,这样对双方都有好处。身为职业女性,有必要克服女性的一些固有弱点,不可斤斤计较,凡事以善为出发点,不损人,如果能利己利人当然最完美,但最少要做到“利己不损人”。

有句话说得好:“人不是因为美丽而可爱,而是因为可爱而美丽”,善良,可以使一个相貌平平的人增添几分可爱,几分美丽。善良,可以给一个女人增添几分“女人味”,女人,可以不漂亮,但不可以不善良。我说,我需要善良,只有善良才可以使人内心充实;你说,我需要美丽和善良,善良使人心灵充满爱,美丽可以使人眼前发光,心地善良,使自己生出纯真,热情的气势。有一种美丽,是我们看不见的、摸不着的,它需要用心来感悟,这种美丽就是善良。

莎士比亚说过,外在的相貌其实是内心世界的一面镜子:善良使人美丽。拥有一颗善良的心,远胜过任何服饰、珠宝和装扮。善良所带来的美丽,不仅发自内心,溢于言表,并且持久高贵。所谓相由心生,说的就是一个人的相貌是可塑的,人的心灵对他的外表有很大的影响,我们可以用自己的行为和思想来改变自己的相貌。善良能使人美丽,美好的品行能帮你塑造美好的外貌。你做过的事,说过的话,动人之处都会存在心里,点

点滴滴积累起来，渐渐改变你的眉目、鼻子和嘴巴，慢慢地令你周身透出可亲、动人和美丽的光芒，充满迷人的魅力。

善良是为人最基本的品质，是我们的良心所在。拥有善良的女人是美丽的，这种美丽虽然是看不见的，确是人人能感受到的。这样的女人给人温暖，受人欢迎，散发着光芒，照耀着世界。

7 心怀感恩，做一个幸福的女人

“感谢天地，感谢命运，感谢一切一切的所有，天地虽宽，道路坎坷，但是只要心中有爱，心存感恩，就会努力做好自己，花开花落也一样会珍惜……”《感恩的心》是一首很美的歌曲，表达的就是一种感恩的心态。感恩，实质上是一种健康的心态，一个人如果有了一颗感恩之心，他就是一个幸福的人，他逐渐地宽容大度，对小事不会斤斤计较。如果常怀感恩之心，我们的心也就会变得爽朗起来。天空是蓝的，空气是新鲜的，世界是美好的，一切合作共事也会是一件非常自然愉快的事情，也就不会陷入无休止的争论中。如果问你对幸福的理解，也许每个人的答案各有不同，有的认为拥有健康的身体是一种幸福；有人觉得拥有事业上的辉煌，有至高的权利和地位是一种幸福；有人则认为家庭和睦，其乐融融，才是幸福之源；有人觉得有一颗轻松快乐的心灵，能每天安然入睡，就是一件很幸福的事情。但说到底，幸福是一种感受，幸福并不是拥有得多，而是计较得少。

人不是一个单独的个体，没有一个人能离开社会、离开大自然、离开他人而单独地生存。所以我们要学会感恩，要感恩这个世界，感恩大自然，感恩我们周围所有的人。只要常怀感恩之心，我们就会以一种感激之情面对世界，就会发现更多的真善美；只要常怀感恩之心，就有了更多的宽容，更加知足和快乐；常怀感恩之心，我们的事业也会得到发展。我们每天呼吸着新鲜的空气、欣赏着美丽的花草树木，工作之余携带亲朋好友游山玩水观赏着山的雄伟和水的缠绵，以及每天汲取大量矿资源为我们人类服务等等，这都是大自然馈赠给我们的。我们应该感恩，我们应该把一个清洁、和谐的环境回报大自然。而不能乱砍滥伐、随意排废、乱捕滥杀等破坏生态平衡来回报大自然。我们每个人的一生都离不开社会和周围的人，总会遇到许多值得回忆和留恋的人，包括亲人、爱人、老师、朋友、同事等。这些人在我们的生命旅程中，都曾给过我们关爱，给过我们帮助，他们是我们值得终身感恩的人。

女人，要学会感恩，首先就要学会知恩，要知道父母的养育之恩、师长的教导之恩、朋友的帮助之恩、亲人的关怀之恩。感恩其实是一种处世哲学，人生在世，不可能一帆风顺，种种失败和挫折都需要我们勇敢地面对。生活就是一面镜子，你笑，它也笑；你哭，它也哭。想想真是这样，你感恩生活，生活就会赐予你灿烂的阳光；你不感恩生活，只知道一味地怨天尤人，最终一无所有。女人，如果有了感恩的心，她就是一个幸福的女人。就像看到明媚的阳光，你会感恩；看到丰盛的午餐，你会感恩；看到孩子的成长，你会感恩；收到朋友的祝福，你会感恩；得到父母的鼓励，你会感恩。感恩的心，随处都在，幸福当然也会无所不在。

对于职业女性来说，要感谢我们的工作，工作是快乐的，工作不仅是安身立命之根本，更是我们实现人生价值的舞台，人一旦失去了这个舞台，就会变得迷茫无助，苦恼不堪。虽然工作中有不顺和坎坷，也要付出汗水甚至生命，但这就像一首生命交响曲，只有跌宕起伏、高潮低谷，才称之为伟大的音乐。在工作中付出了劳动，体会了快乐，为社会创造了财富，我们才能体现自身的价值。只有怀有感恩之心的人，才会使自己与社

会、他人以及自然之间的关系变得更加和谐。心怀感恩,我们才会更加善待自己和他人的生命;心怀感恩,我们才会更加热爱自然;心怀感恩,我们才会更加珍惜现在所拥有的一切。

心怀感恩最重要的是我们要在许多事情上付诸自己的行动:感谢自己的父母,就应该努力奋斗,争取获得更优异的成绩,并且尽可能多关心他们,这才是对父母最好的报答;感谢自己所在的组织,就应该在行动中响应组织的号召,遵从组织的要求,自觉维护组织的形象;感激你的上级,就应该虚心向他学习,努力配合他的工作,并且不断提高业务技能,争取早日在工作中独当一面;感谢你的同事,就要积极同他们合作,在他们需要的时候尽心尽力地去做自己该做的事情;甚至要感谢那些嘲笑过、打击过我们的人,正是因为他们,反而让我们更加坚定了成就一番事业的决心。

感恩,不仅是一种内心情感,更是一种生活态度。你在善待自己的同时,也会善待他人、善待一切,就会自然地将美好和积极的理念向身边的人和社会播散。常怀感恩之心,内心自然平和;常怀感恩之心,生活自然快乐。因为感恩,所以幸福。因为拥有一颗感恩之心,你会发现天空如此明朗,大地如此宽厚,周围的一切都是如此美好。

点赞正能量

感恩是幸福的源泉,是爱的体现,它让我们知道自己拥有什么,接受一场爱的洗礼。这是一种爱的正能量,是发现爱的过程,懂得了感恩,就懂得了爱,心怀感恩,做一个幸福的女人。

8

善解人意，女人要做一朵解语花

善解人意顾名思义就是很能体谅人、很能体贴人、学会换位思考。作为一名女性，要学会善解人意，因为善解人意是成熟与智慧的标志，对生活和工作都有重大意义。在职场中也要善解人意，做一朵能够设身处地为他人着想的解语花。解语花，显然是对职业女性的高度赞美，她们永远懂得安抚别人的情绪，善于说些不那么公事化、带点调笑味道的恭维，能够为办公室制造一些温暖、增添些许活力，自然也就会因此赢得好人缘。英国利兹大学女教授梅特卡夫公布的一项调查结果显示，与男性相比，女性管理者的职业素质有十大优势：耐力持久、善于引导、敢于创新、富有灵感、开放纳新、决策清晰、长于合作、坚决果断、脚踏实地、善解人意。

善解人意是人的素质，是良好的行为习惯。但善解人意并不是善于揣摩人的心意，一味地迎合和纵容对方，而是指在遇到问题时，能尽量用自己的心去体会对方的心，给人以及时雨一样的帮助，让温馨、慰藉来温暖人生，沟通心灵。

作为职场女人，首先要做到与人为善，真诚地对待周围的每一个人，而后才能体察人、理解人、谅解人。更深层次讲就是换位思维，想人所想，急人所急，在需要的时候，说最需要的话，做最需要的事。人字的结构是相互支撑，人与人之间要懂得相互欣赏、相互接纳、相互合作、相互融洽。

职场中，善解人意的女性更受欢迎。对于老板而言，不管是雇用员工、挑选团队或者是升迁考核，他都会挑选他个人偏好的员工，而善解人意的“天使”当然正是老板所青睐的。

有一位刚进公司的女大学生,她会准备一些纸条。在别人打扮得漂亮时,或在别人给她提供帮助时,或别人取得成绩时,她就会在小纸条上写上赞美、感谢、祝贺之类的言辞,悄悄送到别人桌上,既热情友好,又不会显得过于郑重其事。有时候在见到同事穿得单薄时,就会在纸条上写上"天气预报:西北强冷风进入我市!"

她也比较关注同事们感兴趣的话题,然后和大家聊聊天。偶尔还会开个无伤大雅的玩笑,活跃气氛。

有次,公司业务繁忙,同事们都要加班。而她刚到公司不久,对业务还不是很了解,老板特别批准她可以先下班。但她却对同事们说:"我也要留下,我要为你们服务!"

同事们都笑了,而她如愿留了下来,为挑灯奋战的同事找资料、买夜宵、倒咖啡,间或说一两个笑话为大家提神。同事对她的一言一行都心领神会,对体贴入微的她都有一种由衷的感激与喜爱。

善解人意是一种向上的正能量。对同事的善解人意是事业上的志同道合,工作中的配合默契,互相帮助,相互尊重;对亲人的善解人意体现在孝顺、和睦、其乐融融,是一种生活上的关爱,感情上的亲爱;对恋人、爱人的善解人意体现在心有灵犀、相濡以沫,是一种心灵上、生活中的默契,感情上的慰藉;对友人的善解人意体现在兴趣相通、性格相投或互补,快乐共享、困难同当,感情上的友爱;对社会人的善解人意是遵纪守法不危害他人,遵守社会公德和道德不损害他人,尊重人人,平等待人,己所不欲勿施于人,不强人所难。

善解人意的女人乐观豁达,她相信朋友或亲人会取得成功,相信他们的胆识和才能。她不会因你的挫折就对你失望,也不会因你的成功而自喜。当你遇到什么事情难以决定时,她便提供给你一系列参考意见。她是你的助手，开阔你的思路。她能判断一件事的行与止，不影响你做出判断。她善于倾听，她会仔细聆听别人说话，并不只是默不作声或是滔滔不绝地回应。她不会在别人说话时让心思任意漂流，天马行空地胡思乱想，她倾听别人说话，姿态自然，神情专注……

总而言之，善解人意是沟通人际关系的最好桥梁，有效沟通是打开心灵之门的钥匙，是化解矛盾冲突的关键，是每个人成长的必修课，也是每个人情商开发的积累。职场女性不妨试着做一朵善解人意的解语花，对朋友、同事多交流、多沟通，常联系、常聚会，多关心、多帮助。这样的生活才充实，才丰富多彩。

善解人意的女人是可爱的，是受人欢迎的，它是一种成熟的体现，是一种美好的品质。每一位女性都要做一朵解语花，善于体谅他人，为他人着想，这样一来，你的工作生活定会顺畅无比。

第二章

战胜弱点，完善自己：做阳光灿烂的职业女性

随着经济的发展，现代社会压力越来越大，在这样的压力下人更容易暴露弱点，容易产生不良情绪，严重影响我们正常的工作生活，因此，我们要学会调节自己，战胜弱点，完善自己，赢在职场。

1

莫生气，那是拿别人的错来惩罚自己

“人生就像一场戏，因为有缘才相聚，相扶到老不容易，是否更该去珍惜，为了小事发脾气，回头想来又何必，别人生气我不气，气出病来无人替，我若气坏谁如意，而且伤神又费力，出门在外少管事，早去早归少惦记，邻居亲朋不要比，儿孙琐事随他去，娃娃降生皆欢喜，人到终年任他去，吃苦享乐在一起，神仙羡慕好伴侣。”这首《莫生气》就是教导我们凡事莫生气，要乐观开朗面对事物。

生活本来如此，苦乐交替、悲喜交加，谁都不能置身其外。所以，当你遇到他人的嘲讽、愚弄、诋毁等种种时，不要生气，而要以一颗宽容的平常心来对待。有一位哲人曾说过：“生气是拿别人的错误来惩罚自己。”不公平的事、意料之外的事、烦心的事每天都在发生，如果一味地生气，结果只是气坏了自己，反而更加助长了对方气焰，正中对方下怀。所以，不妨一笑了之，何苦要拿别人的错误来惩罚自己？

草坪上，一位父亲在教儿子使用剪草机，父子俩正剪得高兴，突然电话铃声响了，父亲进屋去接电话。孩子把剪草机推上了父亲最心爱的玫瑰花圃，孩子的父亲出来时正巧看到这一幕，气得脸都青了，顿时举起他的坚硬的拳头。这时孩子的母亲走

出来，看见满目狼藉的花园一下明白孩子的父亲为什么这么生气，她温柔地对丈夫说："我们现在人生最大的幸福是养孩子，不是养郁金香，对吗？"听了这番话，父亲不再生气，心情也豁然开朗。故事中的父母是懂得生活智慧的人，他们明白种花、养花只是为了让生活更加美好，并不是生活本身，更不是生活的目的。其实，很多人常常感到不快乐、爱生气，往往是因为他们做事太计较得失，而忘记了生活的本来目的。生活的智慧就在于，无论发生了什么，你都不忘初心，明确自己最想要的、最该珍惜的是什么，是一盆花、一个花园，还是一种快乐、一份情感？唯有如此，你才能抓住生命中最重要的东西，才不会在纷繁的生活中迷失方向。

生活本来如此，苦乐交替、悲喜交加，谁都不能置身其外。生活中总会遇到一些不如意的事情，如果能用一颗宽容的心来面对周围的一切，我们的生活将会变得更加美好。

在职场中，女性更要控制自己的情绪，不要因一些小事就生气。有些职业女性就是这样，为了小事对同事大发脾气，招来大家的厌烦。实际上，小事情并不会改变你的职场命运，就算争赢了也不会让你得到什么好处，所以不必把大量精力花在一些琐事上。同时，当领导的一些做法不当时，我们不要愤愤不平，当同事之间出现磕磕碰碰时，我们不要怒火中烧，错误应该受到惩罚，但没有必要通过生气来实现，别人犯了错，而你去生气，就是拿别人的错误来惩罚自己。

那么我们该怎样面对和处理好自己生气的情绪呢？

(1)学会自嘲和自我沟通。如果你可以退一步，视生命如一出戏，即可发现生命的许多状况都是荒谬的。试试对生命一笑置之，幽默常可减轻压力。如果生气时有一面镜子在你面前，你一定能看到镜子里的那个家伙两个鼻孔冒着热气，着实滑稽可笑；生气的时候，跟自己的感觉沟通，问自己发生了什么事？想怎样？害怕什么？你可能要提醒自己，以往的想法，不代表现在仍要继续这样想。

(2)缓解愤怒情绪。如果你知道自己在某些情况下有愤怒的反应，试试将它缓解和逐步抛弃。首先由一数到十，再慢慢增加。当你数到一百，你就知道你已学会控制自己的反应——你将能控制愤怒。如你觉得有人使你生气，或以他们的愤怒控制你，那就说“等一下”，这句话给你时间想想正发生什么事。

(3)开诚布公谈谈。如果有人一直跟你作对，令你生气，试试在生气之前跟他谈谈。找个时间大家冷静地好好沟通一下，甚至可以找一个可以帮忙的朋友当“裁判”。仲裁者可以缓和情况，大家分享你觉得生气的事情，让他们有机会告诉你他们对你的看法，这样你们就可公开讨论，避免造成无谓的争吵。例如，你们可以决定下次再有争执时，让大家冷静十分钟，或出去走走，或做其他任何可以让你们马上停止争吵，进行意见、思想或看法交换的事情。

(4)不在乎别人说的话。父母训斥孩子的时候，气到极点，有时不由把孩子说得一文不值。但过后想想孩子还是有很多可爱的地方，由不得不去疼爱。父母这么爱孩子都难免贬低，所以，在职场中，别人说的什么过火的话，更不要在乎，他说他的，自己听到就行了，内心有自己对自己正确的评价就行了。

(5)接受不完美的自己。你永远不会完美，那就接受和爱这个自己吧。一旦你爱自己，你会发现不去控制而接受他人是可能的事。接受我们都会犯错的事实，一旦接受所有人都不完美的事实——包括你自己，你就能开始接受父母、老师等人的不完美，同时也允许自己不完美。

(6)不要独自琢磨。心理学研究表明，当人的心理处于压抑、烦恼和不快时，需要向人倾诉。有节制地发泄，把闷在心里的苦恼统统倒出来，这是保持心理健康所必需的。许多爱生气的人以为把不愉快的事情说出来会对自己不利，因而，即使对父母和最亲密的朋友都不愿倾吐自己的苦衷，而独自关在狭隘的感情圈子里冥想苦思。这怎么能不生气呢？俗话说，快乐有人分享是更大的快乐，痛苦有人分担就可以减轻痛苦。因此，

如果你要生气的话，不妨找个亲朋好友，乃至陌生人谈谈，这大有益处。

生气是拿别人的错误惩罚自己，对身体和心理都有极大的伤害，尤其是职业女性，更应该注意，不为小事发脾气，做淡定的自己。在职场，莫生气，在职场，沉住气，成就最好的自己。

2

和嫉妒说再见，让女人美丽再现

嫉妒是指人们为竞争一定的权益，对相应的幸运者或潜在的幸运者怀有的一种冷漠、贬低、排斥，甚至是敌视的心理状态。嫉妒就内心感受来讲前期依次表现为由攀比到失望的压力感；中期则表现为由羞愧到屈辱的心理挫折感；后期则表现为由不服、不满到怨恨、憎恨的发泄行为。嫉妒是一种普遍的社会心理现象，而尤以女性为重。嫉妒是一种负性情绪，指自己的才能、名誉、地位或境遇被他人超越，或彼此距离缩短时，所产生的一种由羞愧、愤怒、怨恨等组成的情绪体验。它有明显的敌意甚至会产生攻击诋毁行为，不但危害他人，给人际关系造成极大的障碍，最终还会损伤自身。

女性一般都有嫉妒心理，因为女人的心很敏感，尤其在感情上容易产生嫉妒，会变成“小心眼”。女人容易嫉妒女人的这一心理源于她的心胸狭窄，而心胸狭窄则由于她的社会圈小，视野不广。再加上看待爱情女人往往重于男人，她的爱情往往表现出是对情人或男友或丈夫的爱。因而可以说，一个女人若是对某个男人毫无嫉妒心，那表示这个男人跟她毫无关系,她根本就没有把这个男人放在心里。但如果过分地嫉妒,那她的男友就会大感束缚,很不舒服,最后可能会因为耐不住而与她分手。可见嫉妒如同味精,在男女之爱中加一点点可起调味作用,加多了就会变苦,以致无法入口。男女之间若不懂上述道理,恋爱便可能随时触礁。

在职场中,女性也是容易嫉妒的,尤其是同一办公室里的女性,相互间是很难成为好朋友的。心理学家认为,嫉妒是一种心理病态。嫉妒心理有明确的指向性,嫉妒者往往不择手段地采取种种方法去打击所嫉妒的对象。达不到目的则妒火中烧,使心情抑郁烦躁,面目可憎,形象也大打折扣,更不利于身心健康。

一个人在嫉妒别人时,总是注意到别人的优点,却不能注意自己比别人强的地方。其实任何人都有不如别人的地方,当别人在某些方面超过我们时,我们可以有意识地想一想自己比对方强的地方,这样就会使自己失衡的心理天平重新恢复到平衡的状态。对别人产生了嫉妒并不可怕,关键要看你能不能正视嫉妒。如果能把嫉妒转化为成功的动力,化消极为积极,往往会使你赶上甚至超过别人。作为职业女性,我们要勤奋工作,丰富自己,使自己充实起来,和嫉妒说再见,让美丽再现。

我们可以用以下方法克服嫉妒心理。

(1)承认嫉妒。我们之所以会受到嫉妒心理的侵害,其关键原因在于我们不能很好地去面对它。当嫉妒这种负面情绪出现的时候,我们无法将其摆脱,很多时候都是任由嫉妒心理牵着我们在错误的路上越走越远。那么,我们何不尝试着去承认它、接受它呢?承认并接受已出现的嫉妒心理,能让我们认真体会心中的感觉,从而可以随意地看待它,不再为它提供消极的养料,最终让嫉妒心理消失。

(2)看到自己的长处,化嫉妒为动力。一个人在嫉妒别人时,总是注意到别人的优点,却不能注意自己比别人强的地方。其实任何人都有不如别人的地方,当别人在某些方面超过我们时,我们可以有意识地想一想自己比别人强的地方,这样就会使自己失衡的心理天平重新恢复到平衡的状态。

（3）要有广阔的胸怀。嫉妒情绪发生时，要克服心胸狭窄的心理弱点，切忌贬低别人，自己一定要克制，冷静、客观地分析别人为什么会比自己强，把它当成一种动力，学习他人的长处，努力完善自我，并且丰富自己的内涵，从各个方面去学习、去修炼，逐步成为一个豁达的人。

（4）要面对别人比自己强的现实。学会运用正确的比较方法，辩证地看待自己和别人。要善于发现和学习对方的长处，纠正和克服自己的短处，要克服傲慢的心理弊病，要面对别人比自己强的现实，这样，嫉妒心也就不那么强烈了。同时，要虚心好学，进行公平竞争，这样能使人获得奋发向上的动力。

（5）停止自己与别人的比较。每个人的心里或多或少都有些许虚荣心，当你有一件别人没有的新鲜事物时，虚荣心很容易得到满足；而当你看到别人有比你更漂亮或是更好的东西时，心理不免就会失衡，嫉妒心理也极易产生。所以说，和别人比较拥有的东西会让你变得愈发的悲哀。毕竟这个世界上总有人比你拥有更多、更好。正所谓一山还比一山高。

人生在世，一定要有一颗平和的心，切不可对他人心怀嫉妒。嫉妒是一种卑下的情感，我们只有认真地检视自己的付出和所得，懂得思考自己的人生历程，才能让自己保持一颗积极的心态，远离嫉妒心理的侵害。而面对嫉妒者的中伤，最巧妙的回击就是置之一笑。

3

虚荣要不得，别自己害了自己

虚荣心是人类一种普通的心理状态，无论古今中外，无论男女老少，穷者有之，富贵者亦有之。虚荣心是一种扭曲的自尊心，是自尊心的过分表现，是一种追求虚表的性格缺陷，是人们为了取得荣誉和引起普遍的注意而表现出来的一种不正常的社会情感。虚荣心表现在行为上，主要是盲目攀比，好大喜功，过分看重别人的评价，自我表现欲太强，有强烈的嫉妒心等。

虚荣心理的表现是多方面的：对自己的能力、水平估计过高，处处炫耀自己的优势和特长，喜欢听赞美的话，听不进批评的话；常在外人面前夸耀自己有点权势的亲友；对上级竭尽拍马奉承；不懂装懂，打肿脸充胖子，喜欢班门弄斧；家境贫寒却大手大脚，摆阔气赶时髦；处处争强好胜，觉得处处比人强，自命不凡；对生活中的失误归咎于他人，从不找自身的原因；有了缺点，也寻找各种借口极力掩饰；对别人的才能妒火中烧，说长道短，搬弄是非；等等。有这样一个小故事，一个女孩，家境贫寒，大学毕业，步入社会，为了追求时髦，不惜借钱购买高档服装，还借钱买了项链、戒指来炫耀自己。周围同事都羡慕她有钱，她只说是爸爸妈妈给她买的。有一天门口堵满了要债的人，周围的人这才明白过来是怎么回事儿。从此，大家都躲着她走，不愿再和她做朋友。女人的虚荣心总是表现在与人攀比和追求时髦，虽然爱美是女性的天性，但也要懂得量力而行，保持勤俭节约的美德，还要有正确的审美观念，努力提高自身气质修养，美丽并不一定都是靠华丽的服饰包装出来的。

虚荣心强的人，在思想上会不自觉地渗入自私、虚伪、欺诈等因素，这

与谦虚谨慎、光明磊落、不图虚名等美德是格格不入的。虚荣的人为了表扬才去做好事，对表扬和成功沾沾自喜，甚至不惜弄虚作假。他们对自己的不足总是想方设法遮掩，而不是取长补短。虚荣的人外强中干，不敢袒露自己的心扉，给自己带来沉重的心理负担。

虚荣的人有比较强的依赖性，独立性不够，能力上自认为有“欠缺”，所以自信心不够。他们外在表现为自尊心过强，对某些事物过于敏感，很在意别人对自己的评价；对内则表现为自卑，不相信通过自己的努力能够达成愿望，希望通过快捷的方式获取自己想要的东西。有虚荣心的人，总是从某种个人动机出发，追求一种暂时的、表面的、虚假的效果，甚至弄虚作假，欺诈骗取，完全失去了从行为的社会价值来评价自己行为的能力，其行为目的仅仅在于取得荣誉和引起普遍注意，以得到周围人的赞赏和羡慕。虚荣心强的人往往都不愿脚踏实地的做事，而是经常利用撒谎，投机等不正当的手段去渔猎名誉。他们在物质上讲排场、搞攀比；在社交上好出风头；在人格上又很自负、嫉妒心重；在学习上则不刻苦。

该如何克服虚荣心理呢？首先，提高自我认知，正确认识自己的能力和优势，分清自尊和虚荣的界限。要谨记诚实和正直是做人的基本要求。不能为一时的心理满足而扭曲了自己的心灵。一个人只有做到自爱、自尊、自重，才不会被外界干扰而失去人格。所以说，珍惜自己的人格是解决虚荣问题的最有效的方法。要克服虚荣，安于现实，首先就要正确认识荣誉、地位、得失、面子等问题。一个人活在这个世界上，想拥有一定的荣誉与地位，这是一种很正常的心理需求。我们每一个人都应该珍惜和爱护自己的荣誉和地位，但这种追求，必需和自己的能力和社会角色相符合，才不会出现偏差，过分追求荣誉来显示自己的社会地位，反而会使自己的生活过得不自在，不自然、不舒服。过分追求的荣誉就会变成虚假的荣誉，其实就成了虚荣。这种虚荣只能填补你一时的内心空虚，也会给你带来一时的满足和荣耀，却解决不了你的根本问题，反而会让你背上沉重的包袱，痛苦不堪。与其如此，不弱坚持自己的人生方向和计划，管理好自己的人生，脚踏实地地培养和积累自己的真才实学，提高自己的社会综合能力，清心寡欲做学业，埋头苦干做工作，心态平和融入社会大家庭，才能挣脱虚荣的魔咒，克服虚荣，享受现实，享受属于每一个人的快乐人生。

虚荣要不得，尤其是在这个年代，虚荣可以说是女性的一大危害，稍有不慎就害了自己。现代女性要认识到虚荣所带来的危害，消除脑海中那些不合理的奢望，做真实的自己。

4

告别忧虑，战胜女人最大的敌人

忧虑是一种心理现象，体现了一种焦虑，体现出解决事情的一种急迫感，而常见的心理现象的忧虑是在出现后果比较严重情况之下的，是正常的心理现象，不会持续很久时间，会随着事情的解决而消失。我们大部分成年人很大一部分都曾受过忧虑的煎熬，其中女性占很大的比例。忧虑者往往太过在意别人的态度，对未知事物极度恐慌，总把事情往最坏的方面去设想。女性一旦表现出过度犹豫的症状，很快会陷入忧虑，并逐渐转为忧郁，最终导致人格褊狭、多疑。

忧虑可以说是女性的天敌，即使生活一直平静如水，甚至在很多人的眼里十分幸福，仍然有不少女性仿佛如履薄冰，担忧未来的种种不测和不安。在职场中，担心事业会失败，担心会丢了工作，只要出现了一点儿小问题，就将其放大，担心害怕，于是就忧虑起来。

1871年春天，一个年轻的医科学生，对生活充满了忧虑：怎样才能顺利通过期末考试？我该做些什么事情？该到什么地方去？怎样才能创业？怎样才能谋生？他拿起一本书，看到了对他的前途有着很大影响的24个字。这24个字使1871年这位年轻的医科学生成为当时最著名的医学家。他创建了闻名全球的约翰·霍普金斯医学院，成为牛津大学医学院的钦定讲座教授——这是大英帝国医学界所能得到的最高荣誉。他就是威廉·奥斯勒爵士。1871年春天他所看到的那24个字帮助他度过了无忧无虑的一生。这24个字就是："最重要的是不要去看远处模糊的，而要去做手边清楚的事。"

现代职场压力大，忧虑已是女性心理疾病的一种，在一次对百名20～40岁的金融、房地产、广告业和新闻媒体的职业女性心身健康状况进行的调查中，结果令人始料未及：100%的被调查者都有多项轻度以上的心理症状，66%的被调查者有多项中等程度以上的心理不适，38%的被调查者心理症状严重。例如，众多职业女性工作缺乏信心，常常担心自己被炒鱿鱼，或被别人超过等。在工作方法上也有问题，如工作不分轻重缓急，事无巨细都亲自过问，工作效率低等；另外，职场关系复杂，导致有些女性处理不好人际关系，这也极易让女性产生忧虑。这样长时间下来，让人焦头烂额，做事力不从心，对工作生活影响极大，可以说是头号大敌。

那该如何战胜忧虑这种情绪呢？

(1)活在当下。对我们来讲最重要的，就是不要去看远方模糊的事，而要着手做手边清楚的事。为明日做好准备的最好方法，就是集中你所有的智慧和热诚，把今天的工作做得尽善尽美，这就是你能应对未来的唯一方法。

(2)忙碌起来。我们一定要沉浸在自己的工作中，否则我们就会在绝望中忧虑苦恼。消除忧虑最好的办法，就是让你自己忙起来，这样你的血液就会开始循环,你的思想就会变得敏锐。

(3)不要为小事而忧愁。如果你此刻正面临生命的危险,那么在多年以前许多看起来好像是大事的事情,就会显得微不足道,甚至让你觉得荒谬。人活在世上只有短短几十年,不应该浪费宝贵的时间,去为一些小事而忧愁。

(4)不要做无谓的忧虑。如果我们足够聪明的话,我们就可以根据事情发生的平均概率,来分析我们的忧虑究竟值不值。这样,我们就可以除去99%的忧虑。

(5)接受事实。要乐于承认事实就是这样的状况。能够接受已经发生的事实,就是能克服随之而来的任何不幸的第一步。如果有必要,我们差不多可以接受任何一种情况,使自己适应它,然后完全忘了它。顺应事实,就是你踏在人生旅途上最重要的一件事。对于不可避免的事,你要轻松地去承受。

忧虑可以说是女性最大的敌人,为此备受煎熬,影响我们的工作和生活。告别忧虑,给自己一个轻松的心情,告别忧虑,塑造一个崭新的自己,告别忧虑,让工作生活从此轻松愉悦。

5

停止抱怨,快乐工作每一天

俗话说:“人生不如意事十之八九。”有人在不如意时只会一味抱怨,整天怨天尤人,于是他们终日郁郁寡欢、牢骚满腹;而有人在不如意时不

烦躁、不抱怨，平静对待，努力改变，于是他的心里时常装着希望。人的一生，必然要工作，要发展自己，每个人都希望实现自己的理想，但需要奋斗才可能得以实现。然而，在现实生活中，我们每个人都难免要遭遇很多挫折和失败或不尽如人意的事情。每当这时，有些人便不能正确对待，产生不满，引发很多牢骚和抱怨，往往是怨天、怨地、怨命运、怨同事、怨领导……其实抱怨的最大受害者是自己。一个人一旦被抱怨束缚，就会消极怠工，应付工作，结果只能一事无成。

相反，如果你拥有积极的心态，快乐而富有创造力地工作，那么，你就充满了迈向成功的动力；如果你的思想是负面的，态度是消极的，你就会生活在沮丧与抱怨之中，把一切因素看成影响你成功的障碍和阻力。抱怨，就像一种慢性腐蚀剂。经常抱怨的人会变得消极，不思进取，既影响自己的心情，也影响人际关系，更阻碍自己的事业发展；抱怨，还会让人陷入可悲的恶性循环之中，越是觉得自己不幸，越是觉得环境不公平，自己也就会越来越没有自信，越来越自暴自弃，甚至越来越小肚鸡肠，心理阴暗，见不得别人的成功与幸福。因此，我们不要再去抱怨，不要让职场成为一个诉苦的场所。

莉莉因对原工作单位的氛围不满意，辞职来到一家著名的跨国公司应聘。考官首先问她的便是："你为何离开原来的单位？"唐莉莉直率地应答："原公司的工作氛围不理想，降低了我的工作热情，使我没有办法发挥自己的全部才干。因此我希望换个工作环境，希望环境的改变可以让我发挥自己的实力。"接着就是喋喋不休地说了一些"客观因素"。但是最终，这家跨国公司没有录用她。

后来，她又应聘了几家公司，结果都是以失败告终。出现这样的情况，她百思不得其解。自认为优秀的她，不能理解自己为何被各公司屡屡拒绝。她不明白，即使她所说的全部都是事实，但她漏掉了最重要的一点：个人的因素。

再后来的应聘中，一位面试官告诉她说："抱怨不如争气，事实才是最有说服力的。当你的价值不被别人承认的时候，最好的办法就是用实力来证明你能行！抱怨从某一方面表明了你自己都不太相信自己。告诉自己一定能行，用积极的心态面对一切，做出成绩给别人看，才是你该做的。"

莉莉这才明白，抱怨对她的工作没有任何帮助，相反，抱怨太多不仅使人厌烦，而且还使她失去了很多机会。当你的能力和才华不被认可时，当公司的工作环境令你不满意时，无需抱怨。

由案例可见，莉莉认为工作环境不好，总是抱怨不休，这样的员工也必定是一个缺乏责任心的人、喜欢找借口的人，不承认自己有责任，而将诉苦和抱怨视为理所当然。职场中这种人很多，自命清高、眼高手低，他们动辄感到自己的能力没有得到展示、领导对自己不重视、单位对自己不公平，因而在思想上产生严重的抵触情绪，聪明才智没有用于思考如何尽善尽美做好工作，而是整日抱怨，痛苦工作，把大好的光阴和精力在怠慢的蹉跎中白白浪费掉了。

抱怨只能让我们徘徊不前，让我们感受不到工作的乐趣，整天烦闷忧愁，无心工作，更不可能把工作做好。这就要我们从现在开始停止抱怨，把抱怨转化为改变，为自己创造一个积极、宽松、快乐的工作环境，积极应对工作中的各种问题。因为，工作既是我们生活的保障，也是实现人生价值的一种途径，假如你不喜欢自己的工作，假如你活得不快乐，责任不在别人而在你自己。有时我们无法选择自己的工作，但是，我们可以选择自己对工作的态度，不抱怨，学会调节心理平衡，别给自己制定过高的目标，时刻保持放松的心情，快乐工作每一天。

女人天生爱抱怨，在生活中抱怨孩子不懂事，爱人不体贴等；在职场抱怨上司不公平，制度不合理等。虽说抱怨是生活工作中常见的行为，偶尔抱怨几句无伤大雅，但一味地抱怨肯定是不对的，会带来极坏的影响，

一是影响工作，二是影响心情，三是影响周围同事。要知道在职场中，抱怨就像一种“传染病”，无形中也影响了周围人的工作积极性，和你一起沉浸其中。美国伟大的心灵导师威尔·鲍温说：“停止抱怨，你就已经在通往你想要的生活的路上了。”既然我们明白了抱怨有如此大的杀伤力，那么作为职业女性的我们就要停止抱怨，认真工作，享受工作的快乐。要做到不抱怨，首先我们要对自己的抱怨行为进行反思，其次是有效地处理负面情绪。这就要求我们要清楚地认识现实，不要逃避，想方设法改变现状，只有付出才能有收获；还有不要过多地关注负面的事物和感受，要迅速地从抱怨的情绪中跳出来，转移注意力，关注美好事物，从工作中享受到快乐，学会快乐工作，尽力过好每一天，就没那么多抱怨了。

抱怨带给我们的只能是失败，抱怨的人不可能迎来成功的曙光。让我们停止抱怨吧，学会调节心理，不让我们变得消极，而是充满正能量，积极进取，努力工作，快乐工作每一天。

6 远离沮丧，好心情由自己

所谓沮丧就是灰心丧气、长吁短叹，时常感叹命运的不公、时运的不济，十分伤心；对什么事都提不起兴趣，整天无精打采，封闭自己，给自己构筑一个小天地，在那里责备自己，怨恨自己，自信心下降，疏于与外界沟通，孤寂、悲观；不能正确面对现实，总想逃避现实，看不到未来的希望……从一般意义上来讲，沮丧是人最常见的情绪反应，尤其是女人沉湎在沮丧中不能自拔是缺乏勇气的表现。女人的情感是脆弱的，沮丧则是强大的，是比孤独还要凶狠的敌人，它认准了女人的弱点，毫不留情地咬上一口，轻则鲜血淋淋，重则把你的斗志消磨殆尽。

之所以说沮丧是凶狠的敌人，是因为它使人不能做出正确的判断，当你焦虑、怀疑或沮丧时，不可能正确判断，也不可能利用好的观念意识。因为合理的判断来源于有效运转的头脑，来源于未被扰乱的清晰的思维，而沮丧带来的是精神涣散，情绪始终处于低谷，不可能有效集中注意力，更不可能做好自己的工作。一味的沮丧和自怜，不仅问题得不到解决，而且往往还会造成更残酷的现实。一个女性本来可以光彩照人，如果内心被沮丧占据，就会看起来却无精打采，本可以获得很好的社会地位，然而如今依旧默默无闻。丈夫对她的苦瓜脸已十分不满，孩子也很难在同伴面前学妈妈的笑，她的情绪无形中感染了家人，造成不好的影响。可见，沮丧对职业女性的工作生活都带来极大的危害。

有一个工程管理专业的女孩子，毕业之后到一家小企业里干点打杂的工作，什么都没有学到。后来同学介绍她到了珠海的一家造价咨询公司工作，这才是事业的正式起步。5年以后，她跳槽到了深圳的一个比较大的造价咨询公司，在那里学习了更多工作上的知识，也给自己镀了一下金。

没过多久由于家庭原因，她回到老家找了份工作，但这份工作较之以前的差远了，不管是薪金还是工作环境都不如以前，心情很沮丧，和同事关系也越来越差，对工作越来越没有积极性，觉得一切都烦透了。本来可以再找一份更好的工作，可她，已经到心灰意冷的地步，对工作失去了信心，整天闷闷不乐，让父母看了都伤心。

案例中的女孩由于工作的不顺利，产生了严重的沮丧心情，对现实充满了失望。现在女孩唯一要做的就是远离沮丧，要正确对待原因，从多方

面、多角度去看待这个问题，发现自己闪光的一面，抛却灰暗的一面，凡事要往好的方面去想，营造一个好心情。要知道，人是因为有了挫折的磨炼，才不断地成长、成熟，人生还有许多其他的事情等着我们去做，如果因为一点儿事情就灰心丧气，那么你将什么事也做不成，从而白白地浪费掉你的青春。

沮丧这种坏情绪，往往是由生活中许多不如意的事情造成的。造成坏情绪的原因也许不能一下消除，但长期陷在这种情绪之中，既不能改变现状，往往还会使情况变得更糟。如果我们能够调整自己，使自己摆脱消极情绪的控制，就有勇气来面对不如意的现实。当感到自己情绪消沉或者沮丧的时候，可以用转移注意力的方法改变它，比如出去散散步、听听音乐、打打球或是逛逛商店，也可以向知心的朋友哭诉一下。心理学研究表明，哭泣有一种"治疗"的功能，人在痛哭一场后，往往心情就变得好多了，因此你不必为哭泣而害羞。你也可以写日记，或打个心理咨询热线，让自己的坏情绪宣泄出来。除了宣泄以外，如果你能够为改变自己的处境而去做些事情，或者以逆境为人生的动力去努力奋斗，就会更好地帮你从消极的情绪中摆脱出来，因为一方面做事的过程需要集中注意力，让你没时间去自怨自艾；另一方面，在你的处境得到改善的过程中，你的眼界会变得更开阔，从而可能使你对生活产生新的看法。

那工作中该如何远离沮丧营造好心情呢？

(1)要有积极的心态。不要经常在办公室和家里对一些问题发泄。找到至少一名经常乐观的同事出去闲逛，不要使自己孤立。到处走走，并向同事们打招呼，去参加员工的午餐和官方晚会，即使是强迫自己那样做。

(2)改变自言自语的习惯。习惯把消极的因素转化为积极的因素，告诉自己将制订计划并完成它，而不要为没有完成一个项目而苦恼。

(3)缓慢减除工作压力。在乘车时听一些书的录音或喜欢的音乐站点，不能有负面的或与工作相关的。如果你必须把工作带回家里，休息一会儿，搞点运动，看一个有趣的电视秀或与家人或朋友待在一起。

沮丧影响我们的心情，使人意志消沉，对工作生活失去了信心，毫无积极性可言。我们要远离沮丧，去拥抱好心情，对工作充满激情，对未来充满希望，释放我们最大的能量。

7 信任才是幸福，猜疑让你痛苦

猜疑和信任是人们常常提起的两个词，可以说这两个词代表着两种截然不同的人生态度。猜疑，是心理不健康的表现，让人在人际交往中，自我牵连倾向太重，总觉着什么事都与自己有关，对他人的言行过分敏感、多疑。可见猜疑是一种不确定的疑惑，是人性的弱点之一。相比男人来说，女人猜疑心更重一些，因为女性细腻而且多愁善感。

信任是一个体现正能量的词汇，在我们工作生活中至关重要，它是一种生命的感觉，是一种高尚的情感，信任更是连接人与人之间的纽带。人与人之间的感情需要信任。家人之间、情侣之间、朋友之间……这许许多多的感情只有在信任的基础上才会越来越加深。多信任对方一点儿、多理解对方一点儿，那自己也会开心，也会每天幸福。每个人都需要被理解和信任，同样每个人也需要抱着理解和信任的心态对待别人。信任是双方交往的基础，是人与人之间最美丽的语言，一个信任的眼神可以化解矛盾的坚冰，一个信任的口吻足以让人刻骨铭心。

这是一个关于囚犯的故事:

一个劳改犯人在外出修路时,捡到一个鼓鼓的钱包,他不假思索地交给了狱警。可是,狱警却轻蔑地对他说:“你别来这一套,我见过了,不就是想要贿赂我,换点减刑资本,你们这号人就是不老实!”囚犯的眼神黯淡下来,万念俱灰,心想这世界上再也不会有人相信他了。晚上,他越狱了。亡命途中,他大肆地抢劫钱财,以备外逃之用。在抢得足够的钱财后,他乘上开往边境的火车。火车上很拥挤,他只好站在厕所旁。这时,一位十分漂亮的姑娘走进厕所,关门时却发现门扣坏了。她走出来,柔声对他说:“先生,您能为我把门吗?”他一愣,看着姑娘纯洁无邪的眼神,微微点点头。姑娘红着脸进了厕所。而他像一位忠诚的卫士,严严把守着门。在这一刹那间,他突然又改变了主意。刚到下一站,他就下火车投案自首了。

信任的力量到底有多大,也许,只是几句坦诚的话语,也许只是一丝难得的真诚,但它却能打开一扇紧闭的心窗,改变一个人的一生。信任是人与人沟通的前提条件,人生之幸,莫过于被人信任;人生之憾,莫过于失信于人,信任使他迈出了从卑微堕落到走向光明的关键一步。一个人得到别人的信任,也因此尊敬自己,自然会更加纯洁和高尚了,这就是信任的力量,它来自灵魂最深处。

玲玲是一家企业的秘书,平时工作兢兢业业,不管老板在与不在,都一样细致认真地工作,因为,老板很信任她。也因为如此,即使工作中出现了问题,老板也从不马上怪罪,而是先查明原因,再以解决问题的态度来处理工作。因为他们彼此信任,工作合作得很愉快。

很多职业女性在事业上取得成功都靠的是他人的信任。信任是宝贵的人生财富,能获得人生的依靠和发展的动力,使社会得以顺畅地运转。信任他人可以获得安全感,得到他人信任可以得到心理的满足,信任是人们感情的重要纽带,可以使交往更为顺畅。职场女性要认识到信任的重要意义,把信任看作是一笔宝贵的人生财富。在工作和生活中,不仅要信任他人,而且要努力做一个值得信任的人。这样,才能拥有了良好的成长环境和发展的社会基础。

信任是开启心扉的钥匙,信任与被信任都是一种幸福,而猜疑与被猜疑同样痛苦。信任是一种高尚的情感,更是连接人与人之间的纽带,人生之幸,莫过于彼此信任。

第三章

勤思善学，自我充电：做聪明灵慧的职业女性

要做就做聪明灵慧的职业女性，而不是在职场中充当“花瓶”，这就要求我们要勤于思考，不断学习，没有思考就没有进步，不持续学习进步就没有动力，就会止步不前，就会被淘汰。

1 智慧的女性是职场永不凋零的玫瑰

智慧可以赋予女人以美丽，智慧可以给女人添光增色，智慧可使女人光彩照人，智慧可以让女人的魅力有质的飞跃，智慧也能让女人永不老去，让女人像一朵永不凋零的玫瑰，盛开在整个人生。女人可以不漂亮，但不能没有智慧，缺乏智慧的女人，哪怕再漂亮，就像一盆招人喜爱的鲜花，如果不经常施肥浇水，终究会枯萎凋谢，最终被世人遗忘、遗弃。而智慧女人，不会因岁月的漂洗而褪色，花开花落终有时，她的魅力却会因岁月的淘洗而放出耀眼的光华，会因岁月的深藏而散发出醉人的醇香。智慧是永不会褪色的美丽，当青春不再，当皱纹遍布，当发丝如雪，唯有智慧的光芒永远闪烁。“零落成泥碾作尘，只有香如故”，就是智慧恒远氤氲的香气。

古人说：“女子无才便是德。”在过去，女人因为受歧视没有好的学习环境，但是如今却不一样了，时代赋予了女人卓越的知识与能力，许多女人不再是“外表华丽而里面空空”的花瓶，她们逐渐充实了自己，成为一个有思想的女人。女人，正因为有了思想，所以才有了能力；因为有了思想，才有了高雅的气质；因为有了思想，才有了与众不同的魅力。有思想的女人，总是能从众多庸脂俗粉中脱颖而出，成为最耀眼的星星。甚至许多优秀的男人，他们在有思想的女人面前也会黯然失色。

杨澜这个名字众所周知，她在不经意间打造其现代版的成功神话。从刚出校门的大学生到央视最著名、拥有两亿观众的主持人，从杨澜工作室再到阳光文化主席，幸运的她拥有了成功者所拥有的一切。

杨澜的“智慧”不仅体现在一个优秀主持人的素质上，更体现在她对人生机遇的把握上。一般人往往只会追寻着梦想前行，而杨澜却似乎知道什么时候该“放弃”。她在事业如日中天之际，放弃了正大综艺主持人的位子，出国留学，又在归国后事业刚起步时，放弃工作，生儿育女。她说：“如果你需要家庭的话，那它就成为你生命的一部分了。要家庭还是要事业，就好像问你要左腿还是右腿，我觉得这是没有意义的。当两者有矛盾时，要看轻重缓急来取舍。我 1997 年刚刚生了孩子的时候，就一直没有工作。我知道一些电视主持人为了怕在屏幕上消失，就尽量晚生孩子，我对她们的建议就是该什么时候生就什么时候生吧，这比你天天在电视屏幕上露脸重要得多。”

杨澜的智慧还在于她的温婉。她不像一些聪明女性那么锋芒毕露，更与精明强干、女强人一类的字眼无缘。她说：“女人具体做什么是次要的。她要能让周围的人感到一种温暖、温情和力量。在这其中她也体现出自己独立的人格、尊严和价值。”公众评价杨澜是优质女性的典范，她美丽、智慧、优雅、知性。

智慧的女人从容内敛，既不显山也不露水，不会刻意卖弄，不会飞扬跋扈，她们知识渊博、才华横溢，却永远不会咄咄逼人，她们经验老到，通达能干，却从不锋芒毕露，这才是真智慧，真优雅，真魅力。尽管岁月可以轻易夺走那如花的美貌，却夺不去她的智慧。

对于现代职场女性而言 ，美貌是青春的通行证，而智慧才是人生的指路灯，青春总会消逝，美貌也会离你而去，而拥有智慧会让你青春永驻，女人拥有了真正的智慧，就使她与市井中耍小聪明小伎俩、自以为“智慧”的女人有了本质的区别。智慧与女人的领悟力相关：大至前途命运，小至日常生活，智慧让女人在面对任何事情时都有了把握分寸的能力。智慧虽然与一个人的智商有很大的关系，却绝不是天生的，后天的勤奋学习会使一个人迅速成长起来。智慧能一点点从内心雕琢一个人，塑造一个人。

智慧的职业女性是温柔的，是充满温柔和激情的女人，对人宽厚，对工作积极进取，从而散发出一种难以言表的美丽，像是一副完美无瑕的素描，加上适当的点缀，顿使画面生辉。智慧的职业女性会生活也会工作，在工作生活中能做到潇洒自如，智慧的职业女性是懂爱的，她会爱人，也会被人爱。不同阶段的女人，有不同阶段的男人来欣赏。只要能把自己最魅力、最优雅的一面永远保持，那么就不会老。因为，在欣赏的眼光中，女人最好永远是能从骨子里透出温情的女人，不管她是十八还是九十八，你能说她是老还是年轻？

总而言之，智慧的女人，在她们身上处处闪现着睿智的光芒。智慧的女人是自信的，她不会张狂不羁；而是和谐自在，在柔弱的身躯之下跳动着一颗自信而坚强的心；智慧的女人拥有独立的人格，不做攀缘的凌霄花，也不做痴情的鸟儿，善良而独立；智慧的女人相信爱情，懂得珍惜感情，经营生活，不会因为曾经受伤而对爱情失望。智慧的女人是美丽的，让人回味无穷。

智慧的女人是职场永不褪色的玫瑰花，她们不会因岁月的漂洗而褪色，反而因岁月的淘洗而放出耀眼的光华，因岁月的深藏而散发出醉人的醇香。做一个智慧的女子，不惧风吹雨打，不畏岁月沧桑。

2

用知识丰富自己，做职场智慧女性

中国古代哲人荀子说过："学不可以已。"人如果停止学习，就会退步。当今世界是一个知识经济的时代，一个以知识为基础，注重更新、创新和升级换代的时代；一个以人为本，注重个性，崇尚多元化和多样化的时代；一个开放的、国际化、全球化的时代；一个真正面向未来的时代。这使整个社会的发展变得日益丰富，发展速度日益加快，以至于使每一个人都面临生存与发展的挑战。特别是职场女性，更是面临前所未有的挑战与发展机遇，智慧的职业女性会选择用知识丰富自己，使自己在日益激烈的职场竞争中立于不败之地。

五年前，只有中专学历的小颖只身来到深圳发展，因为学历不高，又没有任何工作经验，她好不容易才找到一份工作，可没过多久，繁重的工作、微薄的收入让她产生了"打道回府"的想法。但最终生性倔强的她还是留了下来，因为遇到困难她从不低头。几经思考，她参加了自学考试，花了四年时间顺利地拿到了英语专业的本科文凭。在这期间，她还广泛阅读了各类书籍，参加过多种培训班。正是小颖的勤奋好学使她的职场之路异常顺利，短短几年时间，她从最初的车间女工，走到了国际部经理的位子。公司董事长说：虽然小颖的起点是最低的，但是由于她不断地用知识丰富自己，不断提升自己的综合素质，她的能力已经在很多人之上，更为重要的是，懂得用知识丰富自己的人，能够始终走在时代的前沿，而公司正需要这样的人才。

现代社会提倡终生学习，职业女性要想在职场中求得一席之地就必须坚持学习，用知识丰富自己。

小云是金融专业的硕士研究生，毕业后进了一家外资银行。丰厚的待遇并没使小云停止学习的脚步。工作之余，她曾报名参加书法班、绘画班、围棋班等。虽然这些和她的工作并没有很直接的关系，但她认为人就该活到老，学到老。通过各种学习，她的综合素质得到了很大提升。

小云所在的外资银行环境好，待遇高，因此成了很多人的理想职业。看到越来越多高学历的高素质的人才来到她们银行上班，小云有了危机感。业余时间，除了上各类兴趣班，她还在复习，准备报考博士研究生。对此，她的上司也非常支持。她说："在提倡终生学习的时代，女性要想在职场中驰骋纵横，必须要用知识丰富自己，才不至于被淘汰出局。"

当今社会知识更新速度飞快，再加上职场生涯本来就应该是一个不断学习、不断积累、不断创新、不断突破、不断提升的过程。因此，要随时接受一些新知识和新事物，用最新的知识和力量武装自己，以免被激烈的人才竞争所淘汰。

现代人才学中有一个理论叫做"蓄电池理论"，认为一块高能电池的蓄电量是有限的，只有不断地进行周期性充电，才能可持续地释放能量。那种一次性"充电"即可受用终生的时代，已成为历史。在农耕文明时代，一个人读几年书就可以管用一辈子。在工业经济时代，读十几年的书才够用一辈子。到了知识经济时代，只有终身学习，才能过好一辈子。据有关专家测算，1950 年人类科技知识翻一番大约需要 50 年，而 2000 年仅需要 5 年左右的时间，预计到 2030 年大约需要 60—80 天。为了适应时代发展的这种基本趋势，我们必须把学习当作终生的事业。联合国教科文组织认为，"终身学习是打开 21 世纪光明之门的钥匙"。当今时代，知

识的更新周期越来越短，新观念、新知识层出不穷，现有知识在不断老化。如果不努力学习新知识，就会落后于时代，甚至被淘汰。

要想用知识丰富自己，就必须学习。而学习是一个长期的需要付出辛劳的过程，不能心浮气躁、浅尝辄止，而应当先易后难、由浅入深，循序渐进、水滴石穿。正如荀子所说："不积跬步，无以至千里；不积小流，无以成江海。"原哈佛大学校长艾路特曾说："养成每天读书 10 分钟的习惯，这样每天 10 分钟，20 年以后，你的知识水平一定前后判若两人，只要他所读的都是好东西。"现实中，不少人都是通过长期坚持、积少成多，最后取得惊人的成绩 。没有人愿意接受被淘汰的厄运，无论是拿出时间去深造，还是在工作中不断学习，作为职场女性，你都必须思索、行动，适应不断变化的环境，使自己最终拥有纵横职场的能力。

点赞正能量

俗话说："活到老学到老。"学习是永无止境的，对女人来说，用知识充实自己，不仅是增长智慧的途径，还是一种人生态度。通过充实自己，让自己更加完美，更加富有内涵。

3

勤于思考，不做职场花瓶

在全世界 IBM 管理人员的桌上，都摆放着一块金属板，上面写着"Think"。这个单词的精粹，是 IBM 创始人华特森创造的。

有一天，天气寒冷，冷雨绵绵，华特森主持了一项销售会议。会议一直进行到下午，气氛沉闷，无人发言，大家逐渐变得焦虑、烦躁。

这时候，华特森在黑板上写了一个很大的“Think”，然后微笑着对大家说：“我们共同缺乏的是，对每一个问题充分地去思考，别忘了，我们都是靠脑筋赚得薪水的。”

从此，“Think”成为了华特森和公司的座右铭。

一个优秀员工应该勤于思考，善于动脑，分析问题和解决问题，找出巧妙的解决办法，而不是一味出蛮力，事倍功半。不论工作多么繁忙，也要腾出时间来思考，找出最佳的解决方案。巧干是指在工作中懂得挖掘技巧、灵活解决问题的工作方法，它是一种解决问题和发明创造的能力，是一个人敏锐机智、灵活精明的反映，也是充满活力随机应变的表现。因此，我们在任何时候都要做一个有头脑、有智慧的员工，懂得凡事思考，讲究方法，把工作做好。

无论什么工作，能力肯定是第一位的，而不是美貌。所以在职场中，女性要展现的是自己的能力，而不是一味地靠相貌，凡事要认真思考，而不是让人感觉徒有一张美丽的面孔。

职业女性要知道，身在职场，成功的秘诀其实很简单，就在于善于开动脑筋去想办法，用智慧去解决问题。只要我们在工作中主动运用我们的大脑，好方法就会泉水般涌出，我们也会在职场中找到属于自己的最佳坐标。因此，在做一件事情之前，要先清楚所要达到的目的是什么，具体的要求是什么，从而制订有针对性的计划，这是为找对方法做的一个铺垫。先把解决这件事情的传统方法找出来，如果不可行，就应该及时放弃，寻找其他的方法。把找方法当成一个习惯运用到工作中去，并且坚持下去，就能开创新思路，取得好成绩。

小静是一位漂亮的初中老师，学生们都很喜欢她。但她之所以深受学生的爱戴，并不仅仅是因为她长得漂亮，而是因为她勤于思考。小静总是思考着该采取怎样的方式把新的知识传授给学生们，才能让学生感兴趣和容易接收。她深知，教育是一门

科学，一门艺术，所以她苦练教学基本功，深钻教育教学方法，不断优化课堂结构，努力上好每一堂课，想尽办法让学生在愉悦的气氛中学到知识。由于她勤于思考，小静多次被评为优秀教师，收获了事业上的成功。

下面我们再来看一个伟大科学家的故事。

伽利略生于意大利，他的父亲是个破产贵族。当伽利略降生时，他的家庭已经彻底衰败，经济上很拮据。伽利略 17 岁时考进了比萨大学。在大学里，伽利略不仅努力学习，勤于思考，而且常常向老师提出各种问题。哪怕是人们司空见惯、习以为常的一些现象，他也要打破砂锅问到底，非要弄个一清二楚。

有一次，他站在比萨的天主教堂里，眼睛直直地盯着天花板，一动也不动。他在干什么呢？原来，他用右手按左手的脉搏，看着天花板上来回摇摆的灯。他观察发现，这灯的摆动虽然是越来越弱，每一次摆动的距离渐渐缩短，但是，每一次摇摆需要的时间却是一样的。紧接着，伽利略做了一个适当长度的摆锤，测量了脉搏的速度和均匀度。终于，他找到了摆的规律。现在我们看到的钟就是根据他发现的这个规律制造出来的。

可见，勤于思考可以使人思维开阔，迸发出智慧的火花，从而改进工作方法，把事情做得更好、更到位，很多人之所以没有取得卓越的工作业绩，没能成为老板心中最优秀的员工，不是因为她们工作能力不足，而是因为她们不勤于思考，按部就班的工作方法使他们遗漏了工作中看似平凡实则至关重要的环节。只有勤于思考，善于发现问题，不断改进工作方法，抓住这些关键环节，才能把工作完成得尽善尽美。

点赞正能量

若思维如一潭死水，失去了独立思考的能力，再美丽的容颜也会淡然无光；勤于思考，才能让思维活跃起来，才能散发出智慧的光芒。

4

做事要细心，三思而后行

我们并不缺少勤奋，也不缺少智慧，缺少的只是细心的工作态度。老子说：“天下难事，必做于易；天下大事，必做于细。”想要成为一个优秀的员工，细心的态度必不可少。做事细心，凡事三思而后行，是一名优秀员工的基本素质。那些优秀、卓尔不凡的人，总是于细微之处用心，在细微之处着力。正是这样的工作态度，使得他们获得了成长和发展的机会。

细心的人不仅从宏观上考虑问题，也不放过任何一个细微之处。在某种意义上讲，细心就是对细节认真。在每一个人的工作中都会遇到各种各样的小事、琐事，细心的人对待小事同样细心谨慎，从来不会采取敷衍的态度。因此，成功总是属于那些细心的人。所以，要想成为一名优秀的员工，就必须细心做好工作中的每一件事，尽量使每个细微之处都尽善尽美。

细心是一种积极、严谨的人生态度，把这种积极、严谨的态度带入工作中，能为一个人既定的事业目标积累雄厚的实力，也会给公司带来最大化的实际利润。因此，细心工作的员工都会成为老板眼中的优秀员工。

小宋是一家工厂的仓库保管员。她的工作内容是每天记录来往人员提货日志，记录好进出仓库的账单，把仓库的货物码放整齐，并定期清点；注意防火防盗等。小宋工作很细心，在这个岗位上工作了十年，她在工作中没有出现过任何差错。在年底的表彰大会上，小宋被评为最优秀的员工，厂长亲自为她颁发了

奖杯和两万元奖金。

一些老职工不理解，小宋的能力不强，职位也低，凭什么要给她发奖金？

厂长看出了大家心里的疑惑和不满，便对大家说：“你们知道这十年来我从未检查过咱们的仓库，一次也没有！你们知道为什么吗？你们也许认为是我太忙，没时间去，其实我很了解咱们仓库的保管情况。因为我从小宋以前的单位了解过，早就知道她是一个做事细心谨慎的人。小宋作为一名普通的仓库保管员，能够做到十年如一日不出差错，积极配合其他部门的工作，比起一些老职工，她付出的更多，我觉得这个奖非她莫属！”

不管我们从事什么工作，平凡的或是令人羡慕的，都要做事细心谨慎，多思多想。各行各业都需要细心的人，因为细心是做好一切工作的前提，如果我们在工作中没有细心严谨的态度，我们的工作就会变得毫无意义。细心做好工作中每一件小事，绝不敷衍对待工作中的每一个细节，是一个优秀员工的基本素质。

一家公司组织联谊活动，为了活跃气氛，增加互动性，他们设置了客户提问环节。通常的做法是让文员裁几张白纸，然后分发下去，可是这一次，在活动现场，客户们拿到的却是一张设计精美的便签，上面还印有公司的名称和联系方式，以及礼貌的措辞。这次活动举办得非常成功，现场气氛非常活跃。这个做事细心的文员也因此得到了老板的赏识，后来在公司需要新的办公室主任时，老板第一个想到的就是这个文员。

这样一个细心周到，把工作做到尽善尽美的人得到提升肯定是指日可待的。一个做事细心的人，必定是个注重细节的人。不要忽略每一个细节，也许，影响全局的就是这毫不起眼的细微之处。在某种意义上，细节是对一个人综合素质最真实的考察，也是区别于他人的特点。很多时候，正是细节体现的奇特效果，让你能在难分高下的竞争格局中脱颖而出，成为老板眼中的优秀员工。

当今社会，工作的分工越来越精细，真正的大事实在太少，更多的是具体的、琐碎的、单调的小事。职场中缺少的不是具有战略眼光的人才，而是能处理好小事的细心人。有时候，一时的大意，就可能会葬送一个宏伟的计划，而一个细心的举动，则可能成就你的事业。

工作中的细节看上去毫不引人注目，而细节恰恰是一个人工作态度的最好证明。小细节并非真的微不足道，往往孕育着大机会，只有善于思考的细心人才能把握住这样的机会。有的职场女性总是把获得机会的客观条件看得很重，偏执地把机会的得失归结于天时、地利等客观因素上，而不从自身找原因。殊不知，成功之人都有着缜密的心思，从不忽视任何一个小细节，不放过任何一个可能的机会。那些百分百关注工作的员工，总是能够认真对待工作中的每一个细节，将工作做到尽善尽美。所以，要想成为一名好员工，就要培养做事细心，凡事三思而后行的好习惯。当你拥有了这样的好习惯，能够把工作中的每一个细节做到尽善尽美时候，你就是在为自己的前途存更多的资本，就能更快地达到你所希望的目标。

点赞正能量

细节决定成败，成功往往隐藏在微小的事物中，只要我们细心一点儿，多想一点儿，就能把事情做到更好，更完美。现代职场也是如此，只要你认真细心，把握好每一个细节，就一定能从平凡的工作中脱颖而出。

5

善于学习，学习也是一种能力

当今世界，信息和知识快速更新，开拓和创新已成为世界各国竞争的利剑，我们必须学习新的知识、新的理念、勇于开拓、敢于创新，才能跟上时代的步伐。

有人说："未来属于善于学习的人。""善于学习"这四字看上去很普通，却有很深的内涵。

善于学习，首先要学会取舍。"吾生也有涯，而知也无涯"，任何人穷尽一生也不可能把所有的知识都学会，最明智的办法就是用取舍智慧来应对。"弱水三千，只取一瓢。"善于学习的人，必先懂得取舍的智慧。学会取舍，才能专注，只有专注，才能学有所成。

善于学习，要学会学习。未来的文盲不是不识字的人，而是不懂怎样学习的人。古人云："三人行，必有我师焉！"善于学习的人，总是不忘向周围的人学习。当然，同时还要学而思之，学而知之，学而用之。

善于学习，还要让学习成为一种习惯。教育专家叶圣陶曾经说过："凡是好的态度和好的方法，都要使它化成习惯。"只有形成习惯，好的态度和方法才能随时随地表现。养成良好的学习习惯是一个长期努力、坚持不懈的过程，也是磨练意志、性格、品质的过程。坚持一个行动，定能收获一种习惯，养成一种习惯，定能收获一种命运。

在职场中，尤其是相对男性来说学习能力相对较弱的女性来说，更要重视学习，善于学习，提高自己的学习能力，只有这样，才能适应日新月异的发展，才不会被时代淘汰，才能在激烈的竞争中，立于不败之地。

之所以说学习是一种能力，是因为我们能力的发展离不开知识和技能的发展，而获取技能和知识最直接的途径就是学习，学习能力成为其他能力的基础，因为学习能力就是学习的方法与技巧，有了这样的方法与技巧，学习到知识后，就形成专业知识，学习到如何执行方法与技巧，就形成执行能力，所以说学习能力是所有能力的基础，是我们能力的一部分，是不容忽视的。可见学习能力尤为重要，它和工作能力的强弱息息相关，也可以说学习能力就是工作能力。

现代社会科技的进步日新月异，职场的竞争是非常残酷的，停留现状就是落伍。员工只有不断学习，才能促进自身的进一步发展。这就需要职场中的我们懂得如何学习？

(1)明确自己的学习目的，向自己的领导学习。没有学习目的，学习就会陷入误区，茫然不知所措，从而使自己的学习优势逐渐丢失。向领导学习，不是因为他们是领导，而是因为他们优秀。他们之所以有现在的领导地位，就一定有许多你我所不具备的特质。事实上，几乎在每一家单位里，领导都是最有责任心的一个人，因为他身系整个单位的命运，因此在他身上所表现出来的优点，值得你我认真思考与学习。随时随地向他们学习，做事就会更尽心尽力，像领导者一样思考，一样行动。在潜心向其学习的同时，就会主动站在高位考虑上层次的问题，会把工作中的事情当作自己的事情，更加明确什么是自己应该做的，什么是自己不该做的。反之，如果只是为了工作而工作，就会得过且过，不负责任，认为自己永远是低层工作者，单位的荣辱及命运和自己无关，如此一来，就不会得到领导的认可，不会得到重用。

(2)掌握对知识进行整合的能力，向自己身边的同事学习。对学习到的知识进行整合，目的是希望能够相互产生联想、类比、触发，获得知识中的能量。学习同事，是因为每个人身上都存在着不同的优点，这些优点一旦被学习吸收，那么就会在很多时候对自己有所帮助。身边的同事或者在为人处世上比较谦虚谨慎，或者在工作作风上比较严谨优良，在职业技能等工作能力上较强于自己，那么向他学习，将会对自己今后的工作提供极大的帮助。

(3)学会总结，善于提炼。要把学习到的知识与个人的需求相结合，有助于推动个人事业的发展。人们的经验，都是在不断的学习中积累起来的。在我们成长的过程中，每经历一件事情，都有成功或失败的经验可以借鉴，有新的知识可以学习，是一次极好的也是最直接的学习机会。从过程中学习知识，对我们来说是一个学习知识与技能的重要方法，万事皆有可学，事事皆有学问。当我们明白了这一点，就会在面对事情的时候，有意识地从这些事中学习知识与技能，增长自己的经验和智慧，提高自己的才干和工作能力。

(4)要处处留心、善于观察。学习不仅仅是书本上、报刊上的知识，更多的知识蕴藏在实践之中，古人云："世事洞察皆学问。"我们可以从风土人情和大自然中领悟许多道理；我们可以把不同的行业、不同的知识，联系起来、融合起来，为你的专业、工作提供新的思路和启示。

(5)要学以致用。学习的目的，不仅仅是精神的享受，更重要的是应用于实践之中，以指导工作和生活，学以致用就是让知识更好地转换成生产力，为自己、为你从业的单位、为社会做出更大的贡献，创造更大的效益，如果学习和实践不能融合、脱节，学习本身就失去了社会的意义。

点赞正能量

学习是我们增长知识提升能力的有效途径，只有善于学习才能获得更多的知识，才能更好地提升自己。学习是一种能力，是一切能力的基础，拥有了它，我们就拥有了开启成功之门的钥匙。

6

腹有诗书气自华，秀外还要慧中

秀外慧中的女人，是岁月精心雕琢的一件工艺品，岁月赋予她们无穷的魅力。古诗中这样写道:“胸藏文墨虚若骨，腹有诗书气自华”。读书多了，身上自然会一股书卷之气，言谈举止间流露出读书人特有的气质，或温文尔雅、或超凡脱俗、或典雅大方。她们由内而外散发一种独特的气质，一种深沉内涵、一种闪光思想、一种璀璨的光芒。若是胸无点墨，仅凭锦衣华服和涂脂抹粉来装扮，谈吐浅薄，则显得极其肤浅。所以，如果想要做个秀外慧中的女性，就要多读书，读好书，不断提高自己的知识、品德修养，不断丰富自己。

有着“千古第一才女”之美誉的李清照是宋代最伟大的一位女词人，她在宋代词坛上独树一帜，对后世的影响很大。李清照是中国古代罕见的才女，是秀外慧中的典型，她擅长书、画，通晓金石，而尤精词。她的词作独步一时，流传千古，被誉为“词家一大宗”。她的人格像她的作品一样令人崇敬。她既有巾帼之淑贤，更兼须眉之刚毅；既有常人愤世之感慨，又具崇高的爱国情怀。她不仅有卓越的才华，渊博的学识，而且有高远的理想，豪迈的抱负。她在文学领域里取得了多方面的成就。她的诗歌、散文和词学理论都能高标一帜、卓尔不凡。而她毕生用力最勤、成就最高、影响最大的则是词的创作。她的词作在艺术上达到了炉火纯青的境界，形成了自己独特的艺术风格。她不追求砌

丽的藻饰，而是提炼富有表现力的"寻常语度八音律"，用白描的手法来表现对周围事物的敏锐感触，刻画细腻、微妙的心理活动，表达丰富多样的感情体验，塑造鲜明、生动的艺术形象。在她的词作中，真挚的感情和完美的形式水乳交融，浑然一体。她将"语尽而意不尽，意尽而情不尽"的婉约风格发展到了极致，因此赢得了婉约派词人"宗主"的地位，成为婉约派代表人物之一。

用"腹有诗书气自华"来形容李清照再恰当不过了，她出身于书香门第，小时候就在良好的家庭环境中打下了坚实的文学基础，出嫁后，与丈夫赵明诚共同致力于金石书画的搜集整理，共同从事学术研究。像这样有才华的女子，即使是衣着朴素，依旧散发出无穷魅力。可见读书对于女人来说，是一种最好的修身养性的方式。那些喜欢读书的女人，不会追求物质享受，而是追求一种至高无上的境界。一个会读书的女人，就会汲取书里的好思想、好品德，久而久之，在她身上自然会流露出一种优雅的气质，娴静而妩媚，高雅而迷人。读书的女人，颜如玉，心如水，落落大方，优雅的举止，流淌着无尽的魅力。

一个始终关注自己内在成长的女人，她的心灵质量必定是丰厚的，她的举手投足一颦一笑，都灵动而丰满。她们像流落凡间的仙子，过着俗世的日子却总有仙子的灵气在心，俗世的生活让她们磨掉一些不食人间烟火的清高，多了些享受生活的达观，她们敢于面对自我，活得坦荡率真，酣畅淋漓。她们的手上始终把握着命运的缰绳，含蓄内敛、温柔贤淑，懂得选择和放弃。当追求时则奋力拼搏，当放弃时则不再犹豫。

作为职业女性，更要做一个秀外慧中的女人，凭借智慧和勤劳在男人世界里打拼，而不是做一个职场花瓶，供人观赏，毫无意义。秀外慧中的女人知道自己想要什么，她们经济独立，积极自信，待人友善，能营造良好的人际关系，对待工作认真负责，体现了较强的个人能力，能够在职场中游刃有余，应付自如。她们懂得丰富自己的内心世界，心地纯净，乐观向上，崇尚知识，热爱自然，恪守规范，内涵丰富，从而魅力永存。

秀外慧中的女子有一种超凡脱俗的思想之美、一种良好的修养之美、一种书香浸染的境界之美。她们本身就如一本内涵丰富的书，她们把生活读成了诗。

7

提升专业能力，让自己价值倍增

不论我们从事什么行业，个人能力代表你的价值，在这一行业做得越好、专业越强，就说明你越具有竞争力。当今社会竞争激烈，如果不自我提升，结果只能是被淘汰。俗话说："人往高处走，水往低处流。"我们要有积极向上、不甘落后的进取心，要不断变化和发展，学习和接受知识，提升能力。

姗姗是一家公司的文员。她每天的工作除了收发传真、接打电话之外，基本没有其他事情了。她是个有志向的女孩，不愿就此下去，于是她就想到利用工作中的空闲时间读几本书。

姗姗所在的是一家网络公司。于是她就在周末去图书市场买了几本关于网页制作和编程的书，同时还报了培训班。这样两年下来，姗姗积累了丰富的专业知识，通过考试获得了几个含金量很高的证书，并且能独立制作一个中型的网站了。

有一次，公司接到一批急活儿，公司的网站设计师实在忙不

过来，招聘新员工，肯定也来不及。这让经理非常着急。正在这时，姗姗敲开了经理办公室的门，告诉经理，自己可以试一试。

没有办法，经理只好让她试着编了几段代码，写了几个小程序。当姗姗把代码拿给经理看时，经理惊呆了。他万万没有想到，一个前台小女孩，能够拥有这样的编程水平。当经理得知姗姗全是利用工作之余的时间通过自学，学会了编程时，他不由得佩服起姗姗来。就这样，姗姗由一个前台转为公司的网站设计师，工资翻了三倍多。成为网站设计师后，姗姗发现自己对这份工作更加有兴趣了，投入了更大的精力，成绩更加突出，比这方面占优势的男生做得还要好，这样又经过几年，姗姗的专业能力更强了，升为公司的首席设计师。

案例中的姗姗是一个不断进取不断学习的好榜样，给我们的启示就是，在职场中我们要自我发展、自我完善、自我成长，要不断学习，因为不学习就谈不上进取，进取必须学习，并且要不停地学习，不断地学习，提升自己的能力，让自己价值倍增。中国有句古话："学如逆水行舟，不进则退。"知识是需要不断更新、不断巩固和加强的，如果不学习，一定会如逆水之舟，只有后退，没有进步。他人都在不断学习，而你止步不前，到最后，必落后于人，免不了会落伍，会被淘汰。

在现代职场，不管我们从事什么行业，都要想着提升自己的能力，不断加强知识技能，成为行业不可缺少的人才，如果不这样，将会丧失前进的动力，而且由于缺少知识，不能对周围不断发展的事物进行理性的分析和理解，最终会被那些掌握了新知识和新技能的人所取代。其实，在职场上真正经得起风雨的人，是那些有真才实学的人，是那些不断进取提升自己专业能力的人。要想不被淘汰只有用学习充实自己，跟上时代的步伐，使自己在社会上有立脚点，在事业上获取成功，个人才有前途。

提升能力是一个持续的过程，只要我们身在职场就不能间断，因为学无止境。即使是再博学的人，也要不断地学习，才能跟上时代的步伐。活到老学到老，知识永远没有学完的时候。进取也是一样，人生前行，进取不断，成功和学习一样永远没有尽头。我们登上了一座山峰，又会看到前面的山峰，我们实现了一个目标，又会有新的目标等着我们，所以只有不断学习、不断努力、不断提升，才能不断进步，永远向前，才能把握工作，职业常青。

点赞正能量

职场，实力决定一切，要想在职场获得成功，职业女性就得提升自身的能力，不断地学习，做最优秀的自己。能力的提升是一个永无止境的过程，因为社会在发展，停止了学习，就意味着倒退。

第四章

努力工作，忠诚敬业：做优秀能干的职业女性

“巾帼不让须眉，谁说女子不如男”，职场中女性同样可以优秀能干，这无不源于自身努力的结果。我们可以不聪明，但绝不能不努力，我们可能没有天才的成就，但我们可以通过努力实现自己的价值，全力以赴，做最好的自己。

1

全力以赴，对工作充满热情

“全力以赴”体现的是一种敬业精神，追求的是一种职业境界，攀登的是一种创业目标。岗位再平凡，职业再一般，只要我们全力以赴，对工作充满热情，同样会创造出不平凡的业绩。热情，就是一个人保持高度的自觉，就是把全身的每一个细胞都调动起来，完成他内心渴望完成的工作。热情是一种强劲的激动情绪，一种对人、事、物和信仰的强烈情感。只有对工作充满热情的人，才能把工作做好，才能取得成就。

潘美儿，1996年从湖州卫校毕业后，被分配到省皮肤病防治研究所麻风住院部的德清县山沟。她以过人的勇气和无私的爱心，凭借精湛的护理技术护理着每个麻风病人，并且主动申请去风险最高的现症病人区承担护理工作。她除了对麻风病人进行精心的医疗护理和耐心的生活护理外，还号召其他人为有困难的麻风病人捐款捐物。

麻风病是一种传染病，现症病人有一定的传染性，现症病区也是最危险的地方。为现症病人发药、督促麻风病人服下抗麻风药物，清洗伤口，点眼药水是家常便饭。麻风溃疡是麻风患者最常见的并发症之一，潘美儿带领护士、护理员为麻风溃疡病人

调配消毒液、溃疡换药，并结合溃疡情况教导患者一些常用预防溃疡的方法，使许多患者养成良好的生活习惯，溃疡逐渐愈合，免除了截肢的危险。很多麻风病人受到歧视后很容易悲观绝望，甚至厌世，开展心理护理意义重大。潘美儿与护士们一起时常和他们聊天，开导心情，让他们感到被尊重、理解和关爱。

同时，潘美儿还用心钻研业务，努力提高护理技能。她也因此迅速成长为护理最到位、包扎伤口最到住、包扎伤口最迅速、操作最规范的护理高手，并于2005年被任命为麻风住院部的护士长。她出色的工作和她永远保持着的对于工作、对于病人的热情，使她成为病人心目中的天使。尽管只有中专学历，但潘美儿已经在国内外麻风病权威杂志上发表了多篇高质量论文。她撰写的学术论文“麻风溃疡综合治疗研究”，还在2008年1月召开的国际麻风大会上进行了学术交流。

毫无疑问，潘美儿对工作充满热情，全力以赴地工作，才有今天的成绩。在面对工作的时候，首先要有热情，它是一种积极向上的态度，更是一种高尚的精神，是对工作的热爱。它能调动内心的潜能，激励着人们不断前进。

热情比智慧更重要，热情是一种难能可贵的品质。正如拿破仑所说：“要想获得这个世界上最大的奖赏，你必须拥有过去最伟大的开拓者所拥有的将梦想转化为全部有价值的献身热情，以此来发展和销售自己的才能。”

热情的工作态度是做好任何事情的必要条件。凭借热情，你可以把工作变得生动有趣，使自己充满活力；凭借热情，你可以释放出巨大的潜能，充分发挥自己的个性并有可能为自己赢得宝贵的发展机会。

热情是工作的灵魂，它能让一个人保持高度的自觉性，将全身心都调动起来，最大化释放个人潜能，出色地完成各项工作。只有对工作充满热情，全力以赴地去工作，才能真正激发出工作的动力，爱岗敬业，努力工作，把最平凡的工作都做到最优秀，做到最好。当你满怀热情地工作，并努力使自己做的一切都趋于完美之时，你的工作一定会因为你的热情而变得不同。因为，一个对工作充满热情的人，不论是从事什么职业，都会怀着极大的兴趣。因为有了兴趣，自然而然地会热爱自己的工作，认为自己的工作是一项神圣的天职。不论遇到多少困难，始终会用不急不躁的态度去进行。只要抱着这种态度，任何人都会达到人生目标。

那在职场上，我们该如何唤起对工作的热情呢？一是明确自己的工作目标，要懂得工作对于自己的意义所在，要知道，自己是为了实现自己的理想而工作，为了展示自己的价值而工作，而不仅仅是为了养家糊口；二是要分阶段给自己确定明确的目标，人们往往只在爬坡的时候，才会感到干劲十足，当爬上山顶的时候，反而觉得十分疲劳。所以，人们需要不断地给自己树立阶段性目标，这样工作起来才会有动力，才有助于保持高涨的工作热情；三是将心注入工作中，以一种全力以赴心态投入工作中，用于攀登职业的高峰。

热情是我们干好工作的最好保证，身在职场，我们要充满热情地投入到工作中，释放我们最大的潜能，全力以赴地干好工作，实现我们最大的价值。热情是工作的灵魂，只有充满热情，我们才能全身心投入到工作中，只有充满热情，我们才能攀登事业的高峰，只有充满热情，我们才能成就人生。

2

自发自动，让自己更优秀

工作需要热情和行动，工作需要努力和勤奋，工作需要积极主动、自动自发的精神。只有以这样的态度对待工作，我们才可能在工作中获得成就。为什么同是员工，却有不同的成绩，因为我们对待工作的态度不同，那些积极主动、自动自发的员工就能取得很大的成就，相反的一些人则碌碌无为。

自动自发的品格，比天才更重要。一个人，只要能自动自发地做好一切，哪怕起点低一点，也会大有作为。因为，这样的人无论走到哪里，都会受到欢迎。自动自发的人，随时准备把握机会，展现超乎他人要求的工作表现，以及拥有"为了完成任务，必要时不惜打破常规"的智慧和判断力。知道自己工作的意义和责任，并永远保持一种自动自发的工作态度，为自己的行为负责，是那些成就大业之人和凡事得过且过之人的最根本区别。

具有自动自发工作心态的员工，有着对任务一流的执行力。他们会自觉加班加点，尽最大努力把工作任务完成，他们时刻都在考虑怎样尽善尽美地完成工作。他们不仅会圆满地完成任务，还会为老板考虑，自觉提供尽可能多的建议和信息。这类员工因此得到重用和提升，自然就拥有比别人更多成功的机会。工作需要自动自发，每个公司也都努力把员工培养成对待工作自动自发的人。自动自发的员工不会墨守成规，像机器人一样吩咐他做什么就做什么，他们有独立思考的能力，能自觉发挥主动性，积极、有效地执行，并出色地完成任务。那什么是自动自发呢？自动自发就是在没有人要求、强迫你的情况下，自觉而且出色地做好自己的事情。工作需要热情和行动，工作需要努力和勤奋，工作需要积极主动、自动自发的精神。

一位著名人力资源专家曾说过自己这样的一段经历。她刚从日本念研究生回来，进入某银行工作，担任办事员。期间的同事中，有她的大学同学，是念美国研究生的，职级却比她高一级，编制上就是她的主管。同样都是研究生毕业，那位男同学，念的是美国三流大学，她念的是日本一流大学，一样是硕士学位，待遇却不相同。尽管如此，她并没有因此心生不满，仍是认真做事。职场中，许多人都是抱着多做多错、少做少错、不做不错的心态。她虽然是职级最低的办事员，可是交到她手中的事情，一定尽心尽力做到最好。此外，她也会积极主动找事做，了解主管有什么需要协助的地方，事先帮主管做好准备，这使主管很是欣赏。

我们是在为自己工作，而不是为别人工作，这就要我们自动自发，就要付出努力，为自己争取更好的机会和赢得未来。自动自发的工作是一种率先主动的竞争意识，主动为自己设定工作目标，开拓性地思考和改进达到成功的工作方式方法。许多公司都希望自己的员工凡事都能够自动自发。因为自动自发的员工在工作中会更加勤奋和敬业。他们有独立思考的能力，他们不会像机器一样，别人吩咐做什么他就做什么。他们往往会发挥创意，出色地完成任务，而且还勤于思考，给企业提一些合理的建议，因此他们总会得到提升和赏识。

点赞正能量

成功取决于态度，自动自发地工作就是一种积极主动的工作态度，知道自己该做什么，更知道怎样做好，对工作认真负责，而且勤奋敬业，这样的人是朝着成功不断迈进的人。

3

认真工作的女性最迷人

每个人的一生都是在工作、学习和生活中度过的，对大多数人来说，工作大概要占据人生 1/3 的时间。对工作的认识，最容易折射出一个人的生活态度和思想境界，而这正是人的内在美的一种表现。工作赋予了女人自立自强的人格魅力。工作，让女人走出了狭小的家庭生活空间，让女人的视野开阔，心也随之澄澈起来；工作，让女人发现了更能凸显自身价值的方式；工作，也最能让女人找到自己的尊严。面对一个自尊自爱、自立自强的女人，相信每一个人都会由衷赞叹她的美丽。

世界著名成功学专家拿破仑·希尔曾经聘用了一位年轻的女孩当助手，她的工作是听拿破仑·希尔口述，记录相应的内容。这位年轻的助手总是很认真地完成记录工作。有一天，拿破仑·希尔口述了下面这句格言："记住，你唯一的限制就是你自己脑海中所设立的那个限制。"

当她记录完毕后，对拿破仑·希尔时说："您的格言使我获得了一个想法，对你、我都很有价值。"但从那天起，她开始在用完晚餐后回到办公室来，并且从事不是她分内而且也没有报酬的工作。她开始把写好的回信送到拿破仑·希尔的办公桌来。她特意研究过拿破仑·希尔的风格，因此，这些信回复得跟拿破仑·希尔自己所能写的完全一样好，有时甚至更好。她这种认真工作的态度不仅引起了拿破仑·希尔的注意，也因此得到了拿破仑·希尔的赞赏。她一直保持着认真的工作态度，直到拿破仑·希尔的私人秘书辞职为止。当拿破仑·希尔开始寻找新秘书时，他很自然地想到这位助手。她不仅荣升成为拿破仑·希尔的私人秘书，还因为认真的工作态度，被周围的人公认为最迷人的女人。

认真工作的女性，独立、智慧、做事果断、遇事冷静，可以把任何事都处理得井井有条。她们是职场中最迷人的风景。职业女性谈起她们工作时的那种热情，是婚姻甚至是孩子都无法给予的。她们热爱她们的家庭，但是她们更醉心于她们的工作，她们认为工作开拓了她们的视野，给予了她们成就感，挖掘出了她们的潜力，赋予了她们身份，使她们得以完善自身。这就要求职业女性，有自己的追求、有独立的人格、有独到的思想，不过分追求浮躁而虚华的外在形式，她一定要有自己的个性与事业。事业对一个女人非常重要，因为工作中的女人是最美丽、最迷人的。

工作中的女人所体现出来的美丽，是从另外的角度看待女性的自身价值。女性追求美，与生俱来，一个工作女性，必要的着装，必要的礼貌，也是体现女性对工作的一种态度。虽然年龄是女人不可抗拒的天敌，而年轻貌美只是一封推荐信，不管它权威有多大，别人阅读的是你信中的内容。女人的美不光是“一张皮”，你的谈吐，你的工作能力，你永不服输的精神，你的知识含量都能够体现你的美。女人要保持年轻的心，就必须要对工作发生兴趣，厌倦工作容易使人衰老。可以尽量在自己平凡的工作中，去体验、去感受自己的人生价值，体现工作中的女人如何活得漂亮，只有这样，才能够获得一个丰富而完整的人生，只有这样，才能焕发迷人光彩。

点赞正能量

工作开拓了女性的视野，体现了她们的人生价值，让她们看起来独立而美丽。这种美丽已经超越了外貌，是一种人生智慧的体现。工作让女性从容淡定，工作让女性直面困境，工作让女性灿烂无比，工作的女性最美丽。

4

每天比别人多做一点儿，离成功更近一点儿

一分耕耘一分收获，也许你的付出无法立刻得到相应的回报，但不要气馁，应该一如既往地多付出一点儿，回报可能会在不经意间，以出人意料的方式出现。只要我们坚持每天比别人多做一点儿，就离成功更近一点儿。一个好员工，光是全心全意、尽职尽责为公司工作还是不够的，你还要时刻提醒自己，我可以为公司、为客户多做一点儿，其实，每天多做一点儿并不会把你累垮，相反，这种积极主动的工作态度将使你更加敏捷主动，每天多做一点儿，上司和客户都会更加信任你，从而赋予你更多的机遇。每天多做一点点是我们必须培养的一种心态、一种精神、一种良好的习惯，它是我们成就每一件事的必要因素。如果只盯着理想和现实的差距，只会觉得遥不可及；而坚持比别人多做一点，差距就会慢慢缩小。"每天比别人多做一点儿"体现的是一种勤奋、主动的精神，一种坚忍不拔、永不放弃的意志，一种行动迅速、做事准确的能力。

亨利·瑞蒙德在美国《论坛报》做责任编辑时，刚开始时他一星期只能挣到 6 美元，但他还是每天平均工作 13 至 14 个小时。往往是整个办公室的人都走了，只有他一个人在工作。"为了获得成功的机会，我必须比其他人更扎实地工作。"他在日记中这样写道，"当我的伙伴们在剧院时，我必须在房间里；当他们熟睡时，我必须在学习。"后来，经过每天比别人多做一点点的长期积累，他成为美国《时代周刊》的总编。获得成功的秘密在于不遗余力，"多干一点儿"可以使你最大限度地发挥你的天赋。

对我们来说，多付出一点点是每天的事情，不是心血来潮的事情，是需要坚持的事情。说明了对于分外的事情，做不做都可以，而做了，这就是机会。也许多做一点儿需要多付出一点儿，然而天道酬勤，多付出并不等于白付出，定会获得丰厚的回报。因为每多做一点儿会使一个人最大限度展现自己的工作态度，最大限度地发挥个人的天赋，不断地磨砺自己，使自己的能力不断提升，个人价值也随之不断地提升。当它成为一种习惯后，充分地贯彻在我们的工作中时，那么离成功就会越来越近。

著名投资专家约翰·坦普尔顿通过大量的研究，得出一条很重要的原理：多 1 盎司定律。他指出，取得突出成就的人与取得中等成就的人几乎做了同样多的工作，他们所做出的努力差别很小，只是“多 1 盎司”。但其结果、所取得的成就及成就的实质内容方面，经常有天壤之别。

“多 1 盎司定律”就是倡导我们无论做什么事都要多做一点儿。在现代职场上，有不少员工都有懒散、拖延的工作习惯，老板交办的工作没有积极主动地完成，缺乏执行力度。每一个老板都希望自己的员工是能够主动做事、积极行动的人。他们没有意识到只有积极地采取行动，真诚地提供服务，才会赢得机会，并使自己变得优秀。其实他们要积极主动并不太难，只是每天工作多做一点点，“多加 1 盎司”，遗憾的是他们大都没有这样想。从平庸走向卓越，只要每天多做一点点，每天“多加 1 盎司”。事实证明，在所有的领域里，最主要的是在职场中，那些最知名、最出类拔萃者与其他人的区别就在于比别人多努力那么一点儿。

每天多做一点儿，多加 1 盎司对于初入职场的人来说尤为重要，因为作为老板，他就觉得这是一种优秀的体现，证明你是一个积极主动的员工，能为公司做贡献，对公司来说是有价值的，自然受重用。另外，你每天多做一点儿，即使不是分内的事也去帮一把，这样就会给同事一个好印象，营造一种和谐的人际关系，对以后的工作很有帮助。在职场中，不要怕吃亏，每天多做一点儿，哪怕不是自己分内的事，哪怕是你拾起地上的一个纸团丢进垃圾篓，哪怕是你顺手把没放好的拖把扶正。这些微不足道的小事，恰恰说明一个人的态度问题。工作态度直接影响他的工作效

率，如果你的工作态度是消极的、退缩的，遇到问题推诿责任，当然不会有成就感，当你的专业技能一直没有精进时，你更容易产生枯竭感，因此，不断地充实知识，保持热诚、积极的工作态度，才能使自己乐于工作。如果能在工作中寻找到乐趣，调整好自己的心态，就不会带着负面的情绪去面对工作。找到可以使自己上进的动力，多做一些工作也不会觉得吃亏，不会觉得是在浪费时间。总之，在工作中，有很多工作环节都是需要我们增加那“1盎司”的。大到对工作、公司的态度，小到你正在完成的工作，甚至是接听一个电话、整理一份报表，只要能“多加1盎司”，多做一点儿，你将会有巨大的回报，离成功也就不远了。

每天多做一点点体现一种工作态度，在职场这种态度是很重要的，说明你尽职尽责、积极主动，是一个好员工。我们要始终记住这句话，没有付出就没有收获，神奇的是有时你多付出一点儿，所带来的收获是你无法想象得丰厚，这也许就是上天的恩赐，天道酬勤，说得没错。

5 不找借口，立即执行

“没有任何借口”，是美国西点军校200年来奉行的最重要的行为准则，是西点军校传授给每一位新生的第一个理念。它强化的是每一位学员要想尽办法完成任何一项任务，而不是为没有完成任务寻找借口，哪怕是看似合理的借口。它体现的是一种完美的执行能力，一种服从诚实的态度，一种负责敬业的精神。秉承这一理念，无数西点毕业生在各个领域取得了非凡的成就。秉承这一理念，众多著名企业建立了自己杰出的团队，创造了千秋大业。

尽管西点军校是一所陆军学校，但西点军校的很多训练方法和思想应用于企业特别有效。比如在西点，军官向学员下达指令时，学员必须重复一遍军官的指令，然后军官问道："有什么问题吗？"学员通常的回答只能是："没有，长官。"学员的回答就是做出承诺，就是接受了军官赋予的责任和使命。就连站军姿、行军礼等千篇一律的训练，都无一不是在培养学员的意志力、责任心和自制力。在这样的训练中，西点军校的文化慢慢渗透到了每一个学员的思想深处。它无时无刻不在激励着你，让你总是具有饱满的热情和旺盛的斗志。

没有任何借口是执行力的表现，无论做什么事情，都要记住自己的责任，无论在什么样的工作岗位，都要对自己的工作负责。一支部队、一个团队，或者是一名战士或员工，要完成上级交付的任务就必须具有强有力的执行力。接受了任务就意味着做出了承诺，而完成不了自己的承诺是不应该找任何借口的。可以说，没有任何借口是执行力的表现，这是一种很重要的思想，体现了一个人对自己的职责和使命的态度。思想影响态度，态度影响行动，一个不找任何借口的员工，肯定是一个执行力很强的员工。可以说，工作就是不找任何借口地去执行。

在职场中，我们不要找借口，而是找方法，这样才能变得优秀。找借口不仅是逃避责任、不承担责任，其实质是推脱、推卸责任，是一种坏习惯，甚至是一种恶习。找借口的一个直接后果，就是容易让人养成拖延的坏习惯，寻找借口的人都是因循守旧的人，他们缺乏一种创新精神和自动自发工作的能力。习惯性的拖延通常也是制造借口与托辞的专家，是对惰性的纵容。借口会让人躺在以前的经验规则和思维惯性上舒服地睡大觉。当人们不思进取，找借口时，借口给人带来的严重危害是让人消极颓废，如果养成了寻找借口的坏习惯，当遇到困难和挫折时不是积极去想办法克服，而是去找各种各样的借口，其潜台词就是"我不行，我不可能"，这种消极心态剥夺了个人成功的机会，最终让人一事无成。

所以说，我们在面对工作时，要丢掉借口，立即执行。也许在开始的时候，你会觉得做到“立即执行”很不容易，因为这样难免发生失误。但最终你会发现，“立即执行”的工作态度，会成为你个人价值的一部分。当你养成“立即执行”的工作习惯时，你就掌握了个人进取的秘诀。当你下定决心永远以积极的心态做事时，你就朝自己的成功目标迈出了最为关键的一步。

立即执行，很多时候你会惊讶地发现，如果拿浪费在“万事俱备”上的时间和精力处理手中的工作，往往绰绰有余。而且，许多事情你如果立即动手去做，就会感到快乐、有趣，加大成功概率。一旦延迟，愚蠢地去满足“万事俱备”这一先行条件，不但辛苦加倍，还会失去应有的乐趣。例如，一个艺术家行走在路上时，某种灵感如同闪电般闪现在他的脑海里。如果他在那一刹那迅速执笔，把那个灵感画在身边的某一片纸上，或者他的衣服上，必定会有意外收获。可是这个艺术家一定要等回到了画室，展开了画布，调好了颜料等，才执笔捕捉。结果，待一切就绪后，无论他再怎么苦苦思索，美好的灵感火花，却早已模糊，难觅其踪了。

工作中难免会遇到困难，许多员工在面对困难的时候，总是喜欢找借口，而不是勇敢地拼搏，从而失去很多锻炼机会，还会留给老板一种不敢承担责任的印象。如果你的老板分派给你一件很困难的工作，你做的第一件事情就是在他面前为自己寻求借口推托，而不是立刻行动，那你的老板将会对你很失望。积极的人永远会寻找方法，消极的人会时刻寻找借口。对于那些积极主动的人来说，方法总比借口多；而对于那些消极怠慢的人而言，借口永远找不完。与其费尽心思地为自己寻找借口，不如克服困难，立即执行。

点赞正能量

优秀的职业女性在工作中从来不为自己找借口，她们有坚定的信心、坚强的毅力、完美的执行力，坚决按照标准执行自己的工作任务。即使遇到困难，也往往把这种挑战当成工作的乐趣。

6

重视细节，不要忽视任何小事

细节是什么？词典的解释是，细小的环节或情节。也有人比喻说，细节是转动链条上的扣环，是千里钢轨上的铆钉，是参天枝柯上的叶蕾，是广袤田野上的萌芽……细节虽细，却是基础，少不得，离不了。

细节因其“小”，往往被人忽视，或被轻视。细节因其“细”，也常常使人感到繁琐，不屑一顾。然而，很多时候，细节很可能决定事情的成败。

“千里之堤，溃于蚁穴”，这句话深刻地揭示了一个真理，千里长堤看上去十分牢固，却会因为一个小小的蚁穴而轰然崩溃。这就要我们要重视细节，不忽视任何小事，在工作中我们要全面细心，不可“八九不离十”。其实，往往在细微的差错当中，则会与众多机遇失之交臂。所以，不要忽略每一个细节，也许影响全局的就是这毫不起眼的细微之处。有时候一个微不足道的细节，就会葬送一个宏伟的计划，而一个精确、生动的细节也可以成就你的事业。

一个女孩去一家公司面试，工作任务是为这家招聘公司采购物品。在一番测试后，只剩下这个女孩和另外两名优胜者成为竞争对手。

面试的最后一道是笔答题。题目为：假定公司派你采购200个手机，你需要从公司带去多少钱？

第一名应聘者给出的答案是 6.5 万美元。主持人问他是怎么计算的。他说，采购 200 个手机可能要 6 万美元，其他杂用就算 5000 美元吧！面试官对此未表态。

第二名应聘者给出的答案是 7 万美元。他解释道，200 个手机需要 6 万美元左右，另外的费用可能需用 1 万美元左右。面试官同样没表态。

最后轮到这位女孩。面试官拿起她的答卷，见上面写的是 642002 美元。见到如此精确的数字，面试官不觉有些惊奇，立即让她解释一下答案。女孩说："手机每个 3200 元，200 个是 6.4 万美元。运费是 2000 美元；午餐费是 2 美元……因此，总费用为 642002 美元。"面试官听完，欣慰地笑了。这个女孩自然被录用了。

在我们的工作中存在着许多类似的细节，在等待着去发现和挖掘。看不到细节，或者不把细节当回事的人，说明对工作不够认真，对事情是敷衍了事、得过且过。他们只能永远做别人分配给他们做的工作，甚至即便这样也不能把事情做到位。而考虑到细节、注重细节的人，不仅认真对待工作，而且注重在做事的细节中找到成功的机会，从而使自己更加干练和成熟。案例中尾数看起来毫不起眼，其实，它能够说明你的认真程度和做事方法。注重细节的人往往工作严谨，领导自然会放心地把一些重要的事情交给他去办。相反，那些忽略细节的人，常常给人留下随便、马虎的印象，自然很难得到。这里的关键就是重视细节，不忽略任何小事。

1994 年英特尔公司忽视了奔腾处理器中一个运算 90 亿次才会遇到 1 次的运算错误，这个错误每个使用者每 27000 年才会遇到一次。但这个小错误却使英特尔公司不仅失去了 1 个大客户，同时损失了几千万美元，更严重的是使消费者产生了信任危机，为了扭转这个错误带来的不良影响所付出的代价很是巨大。

在我们工作生活中，人们总是愿意去关注那些大事情、大问题，而忽视那些细小的问题，认为它们太“小”，为之耗费太多的精力和时间是完全没有必要的。殊不知，小问题容易出现大纰漏，案例中的巨大损失就是最好的说明。许多企业就是因为对小小的细节没有把握住，以致损失惨重，甚至退出经济舞台。但是，也有不少公司因为一个小小的细节创造了奇迹，一跃成为商界关注的焦点。作为职业女性要始终具有清醒的头脑和敏锐的判断力，认真对待工作中的每一件小事，想别人没想到的，做别人没做的。以小事为突破口，在细节处下功夫，在别人没有注意到的地方做足了文章，你才能在与别人的竞争中率先脱颖而出，从而有所成就。

在职场中，但凡取得成功的人是从不忽视任何一个小细节、不放过任何一个可能的机会的。如果我们能脚踏实地地从每一件小事做起，再平凡的我们也会做出不平凡的事情来。因为做好小事是完成大事的基础和前提，这就要求我们对工作中的小事绝不能采取敷衍、应付的态度。不管多么简单的工作，都不可能毫无变化，其中的学问也大有讲究。今日的工作不可能与昨日完全相同，要意识到无论多么简单的工作皆有改善的余地，很多时候，一件看起来微不足道的小事，或者一个毫不起眼的变化，却能实现工作中的一个突破。所以，在工作中，对每一个变化、每一件小事我们都要全力以赴地做好，只要用心对待每一件小事，把每一件小事做到最好并不难。

点赞正能量

无论从事何种工作，细节检验着一个人是否有敏锐的眼光，是否有于细微处洞察事理的头脑，是否能在平常事中干出不平凡的业绩。重视细节的人，才能有精益求精的执着追求。

7

巾帼不让须眉，勇于承担责任

责任心是做好一切工作的保证，在竞争激烈的职场中，作为企业中的一名员工，责任心是非常重要的。只有承担起自己的责任，实现自我在社会中的价值，才能展现人生的意义。在我们的周围，总有一些乐于付出、甘于付出的人，他们能够不计较个人得失，将全部精力都投入到工作中，毫无怨言地付出着。在这些人眼里，付出是一种责任的担当，是一种成功的希望。我们身在职场就应该这样，不管做任何工作，都要先埋头付出，敢于承担，只有这样的人才会有出头的机会。

任何一名员工，只要愿意为企业的利益着想，对自己的所作所为负起责任，并且持续不断地寻找解决问题的方法，就会有一种强大的推动力，只有那些勇于承担责任的人，才有可能被赋予更多的使命。

一个中年妇女下岗了，由于要担负起养育儿女的责任，所以她不得不开始重新找工作。在经历了一个多月的奔波之后，她还是没有找到工作，因为她的年龄和学历都已经不能满足用人单位的要求。

有一天，她来到一家饭店，在她的苦苦哀求下，经理收留了她，让她负责二楼卫生间的卫生。她马上忙碌起来，她先从仓库找来新的灯泡，于是洗手间亮了起来。她用抹布一遍一遍地去擦拭地板，用刷子去刷马桶，墙壁也被她擦拭得干干净净，就连细小的缝隙也不放过。接着。她找来了镜子安装在洗手间的墙壁上，又搬来了一盆夜来香，点燃了薰香，她甚至还搬来了破旧的音响安装在洗手间的角落里。洗手间在她的努力下，完全变了样。

某一天，饭店来了几个客人，当其中一个人进入洗手间，他坐在马桶上看到的是朦胧的灯光，闻到的是沁人心脾的花香，听到的是浪漫悠扬的萨克斯，竟不知不觉地睡着了。后来，这位客人迫不及待地把这家饭店的独特之处告诉了他最要好的朋友，让他也来享受一下这个特别的洗手间。就这样，一传十，十传百，渐渐地，人们都知道了这条街上有一家饭店，那里的洗手间最值得一去。于是这家饭店的人气越来越旺，生意越来越好。

四个月后，董事长来饭店观察，当他了解到这种情况后，马上把这个中年妇女叫到办公室。董事长激动地说："你对工作如此付出和用心，你是我公司最优秀的员工。"后来这位妇女受到了董事长的提拔，成了饭店的客服部主管。

案例中的主人公对工作认真负责，是责任心的最好体现。对于职场中的我们而言，责任就是职场最基本的要求，是绝对不能够越过的底线，只要失去责任心的话，那么就将要面对失去工作的危险。相反，如果能具有案例中主人公那样的责任心，对扫厕所没有抱怨，始终用积极负责的态度去工作，任何人都会成功，也一定能达到目标，实现理想。

作为职业女性，虽然在某些方面可能比男性弱，但面对责任，也要有挺身而出的勇气，做到巾帼不让须眉，相信自己，扛起责任。不管从事什么职业，处在什么岗位，都有其担负的责任，都有自己分内应做的事情。做好分内的事情是每个人的职业本分，既然你选择了这份工作，你就应该承担起这份责任，因为工作就意味着责任。职场中的我们不要以"我是女人能力有限"为理由来逃避责任，当额外的工作分配到你头上时，不妨把它看作一种机遇。当顾客、同事或上司交给你某个难题，也许正为你创造

了一个珍贵的学习机会，只要我们抓住机会，就意味着有所成就。

承担责任，就不能逃避的问题。每一个有责任心的员工都应牢牢记住这句话：哪怕遇到困难，我们也要执行上司的命令，执行是敬业精神的具体体现。只有具有高度执行力的人才能在竞争激烈的现代企业中有很好的发展。所以在我们面对责任时，不要找借口，不要挑三拣四，我们唯一要做的就是接受任务，履行责任，尽自己的最大努力，把它做到完美，即使出现问题，我们也要用于承担责任，找出原因，弥补过失，吸取教训，努力做好以后的工作。

职业女性也要勇于承担责任，展现自己的能力，体现自身的价值，把履行责任当成学习的机会，锻炼自己，不断地增强自己的实力，从而实现我们的理想。

8

追求完美，对工作精益求精

有人说："不论你手边有何工作，都要尽心尽力去做！"无论做什么事，都必须竭尽全力，无私敬业。只有一丝不苟的敬业精神和严谨的工作作风，才能把工作做到最好，才能让我们在最普通的工作岗位上也创造奇迹，享受到责任带来的喜悦和成功。不难想象，每一个在事业上取得成功的人，无一不是对工作精益求精，他们全心全意，尽职尽责，一丝不苟地把一切做到最完美。

吴士宏总结自己成功经验时说:“我其实是个很普通的人。之所以会有今天的成绩,是我在工作中不断努力的结果。我做任何一份工作,都会努力将它吃透摸清,让自己的个人能力得到全面的发挥。然后,自然而然地就会受到重用。”吴士宏并没有受过正规的教育,也没有任何的背景。但她能够在 IBM 和微软两家企业成为区域负责人,全都靠自己精益求精的工作态度和勤奋踏实的工作精神。她在成功之路上所走的每一步都与她的胆识与智慧分不开,更与她敢于在人前表现息息相关。

被称为“打工女皇”的吴士宏,是职场上的传奇人物,也是许多职场人士心中的偶像。

吴士宏年轻的时候当过护士、勤杂工。后来,一次偶然的机会,她进入了 IBM 公司。在 IBM 公司,吴士宏凭借自己顽强的拼搏和辛苦的付出,做出了突出的业绩,从一名最底层的员工晋升为 IBM 中国华南分公司总经理。

1997 年,吴士宏又被任命为 IBM 中国区销售总经理。1998 年,她离开了 IBM,加盟了微软,被任命为微软中国区总经理。1999 年又去了 TCL 任集团常务董事、副总裁。她之所以会有这样的成就,靠的不仅仅是运气,更多的是出色的个人能力。正是由于她过人的能力,才博得各大集团老板的欣赏,给了她很高的位置、很广阔的舞台去发挥。

当年,吴士宏刚刚踏入 IBM 的时候,她所做的工作基本上就是扫地、擦桌子、接电话等杂工。面对这些没有任何技术含量的工作,大多数人可能会就此沉沦,得过且过。而吴士宏却将桌子擦得最干净,将地打扫得一尘不染。凭借着这股认真的精神,她很快就引起了部门领导的注意,并开始受到重用。吴士宏做任何事情,都会一门心思做到最好,将自己的能力充分地展现出

来。功夫不负有心人。经过不断地细心钻研，吴士宏的个人能力突飞猛进，得到了公司上下的一致认可。正是凭着自己的勤奋和努力，吴士宏才从一个勤杂工成长为一家跨国企业的经理。

在现实生活这个大舞台中，每个人都扮演着属于自己的角色，如果想要取得成功，就不能只是以完成任务为目标，而是要追求完美，做到最好。上面的案例给我的启示是，聪明、才智、学识、机缘等固然是促成一个人成功的必要因素，但没有责任感，没有人可以取得成功。所以，每一个人都应当明白，你的工作就是你的责任，你负起责任，就要把工作做到最好，做出成绩，你就会受到上司的赞赏，受到同事的尊敬，自信也会逐渐提升，你也就会越走越宽，越走越远。

在日常生活中，我们可以不必吹毛求疵，但对待工作一定要追求完美，精益求精。很多事情，我们必须较真，如果得过且过，就会差很多，而差的那些，往往就决定着你的成功或失败。要做到精益求精，就要有强烈的工作责任感，在工作中注意力高度集中，做到一丝一毫不放过，一丝不苟求精确，不要放过任何一个小小的异常，不做任何一次小小的违章，对每天工作中碰到的问题务必搞清楚、弄明白，做到底，扎扎实实认认真真做好每一项工作。

点赞正能量

不论做什么事情，要想取得好的结果，不仅要有聪明才智，更重要的是要有追求完美、精益求精的精神，唯有这样，才能把工作做好，才能最大程度地体现出个人价值。

9

享受工作，发现工作中的快乐

有人把工作总结为三种状态：一是当“副业”，认为“岗位”就像“笼子”，既艰苦又无自由，不想干；二是当“职业”，认为“有碗饭吃就行”，做一天和尚撞一天钟，干不好；三是当“事业”，认为生命与工作不能分离，将工作与快乐合而为一，既不因辛苦而抱怨，也不因困难而退缩。

把工作当享受，是一种睿智的选择。工作是我们生活中不可缺少的一部分。如果在工作中得到的是紧张、厌倦与烦恼，那么我们会对生活感到失望、痛苦。如果干着令自己厌倦的工作，即使得能到名和利，也无快乐可言。要从工作中得到乐趣，首先不要变成工作的奴隶，工作不仅是为了挣钱，而更是让我们的生活变得有意义，给我们的生命增添光彩。我们不仅为了生活而工作，更是为了事业而工作，把工作当成另一种享受，发现工作中的快乐，幸福地工作生活。

两个女大学生，刚步入职场，同在一家电信公司做客户服务员，每天接电话回答客户几乎相同的问题。一个女孩觉得工作很无聊，和同事之间也很少沟通，工作了一个月，整天都在抱怨，一点也不快乐。她后来实在无法忍受这份工作，三个月后就辞职了。之后，她又到一家银行做电话销售员，可她发现电话销售也很难做，听到最多的回答就是：“真讨厌，不要再打电话来了。”于是每天上班，想着将要开始的“电话旅程”，她就止不住地想逃避，感觉不到一点儿的工作乐趣，可是，为了生活，她又不得不硬

着头皮去上班。

然而，另一个女孩就不同，她把每个电话都当作帮助客户解决问题，觉得自己每天帮客户解决了好多问题，于是很有满足感，她觉得这就是一种享受，因此每次接电话都是面带微笑，很高兴很耐心地给客户解决问题，有时候客户听到她甜美而高兴的声音，本来很生气想投诉问题，最后有的竟不投诉了，过了半年，她得到了公司的认可，被破格升为主管。

工作是人生必须经历的一个阶段，即使你的处境并不如意，也不要讨厌自己的工作。那些讨厌自己工作的人，不会在工作中寻求到一点儿快乐，这样的人会在忧愁与烦恼中日渐消瘦与衰老。因此，你应该学会在枯燥的工作中找到快乐。这样，你就会以积极的心态去面对一切即将发生的困难与挫折，迎接每一个挑战。我们要明白一点，通过工作能实现自己的人生价值，通过工作能增长自己的职场经验，通过工作能增强自己的自信心。你对工作投入得越多，工作效率就会越多，你就会越快乐。反之，你会觉得工作是件苦差事，对工作产生反感。

俗话说："干一行，爱一行。"热爱工作才能从中得到乐趣，从而享受工作。工作的乐趣主要来自工作的胜任。而胜任一项工作在于我们做什么事都要学会去适应它，而不是它来适应我们，改变我们的工作态度很重要。其实，工作给予我们的，有快乐和不快乐两部分，这个我们无法改变，而可以改变的，就是我们对待工作的态度，我们可以摒弃消极、悲观，选择积极、乐观的阳光心态。阳光心态不但会改变一个人的精神状态，还会改善一个人的工作能力和成绩。拥有阳光心态，做个快乐的人。每天、每小时、每分钟对人的生命来说都是宝贵的，一旦流逝就不会再回来。生活就像一面镜子，你对它笑，它就会对你笑；你对它哭，它也哭给你看。既然是这样，不如努力做一个快乐的人，快乐地度过工作中的每一天；拥有阳光心态，让别人快乐。情感是互动的，对他人友好，他人就会对你友好；对同事友善，同事也会对你友善；你对客户热情，客户就会回馈你相同的热情。

如果你想快乐地工作和生活，就应该先学会让他人快乐。

职场中的我们，都有自己的目标，也有自己的梦想，正是为了获得某些东西、达到某些梦想，或是成就自我，为了拓宽、加深、提高自身的技能，将自身全面发展成为和谐美丽的人，我们才会专注于一个方向，并为此付出努力和心血。工作是一个施展自己才能的舞台，它给了我们表达自我的机会，它给我们带来实现梦想的成就感，这种成就感对我们来说就是一种快乐、一种享受。

工作也是其乐无穷的，我们不要把它看成一种谋生的手段，而是看成一种乐趣，是发现快乐的过程，用心去投入，用心去感受，让我们爱上它，这时我们就会发现，工作就是快乐和享受。

第五章

善于沟通，精于交流：做八面玲珑的职业女性

人际关系是职场关系的重要组成部分，身在职场，我们必须重视，要懂得如何与人打交道，善于沟通交流，知道什么该做，什么不该做，通过行为方式的转变，从而与人和谐相处，让自己游刃有余。

1

微笑是女人的第一名片

微笑是人生最好的名片，一张笑脸，温暖人心，每天多一点儿微笑，生活就多一点儿幸福。微笑，是人类最美的表情。它可以让人变得从容不迫，在遭遇挫折的时候坦然地笑一笑，它能给予我们战胜自我的力量；在心情悲伤的时候会意地笑一笑，它能给予我们安慰与快乐；在被别人误会的时候坦然地笑一笑，它能给予我们理解和宽容；在与朋友相聚的时候放声地笑一笑，它给予我们相知与帮助。微笑是人生最大的财富。人生中难免会有挫折，有失败，有误解，那是很正常的，要想生活一帆风顺，首先就应该清除心中的障碍，真诚地去面对一切。无论是对家人还是对朋友、同事，也许，只需要我们一个小小的微笑，一切隔阂误解、一切不愉快都将灰飞烟灭，成为过眼烟云，生活就能变得灿烂多姿，世界就能变得丰富多彩。

可见微笑的力量是巨大的，它不用花多大的成本，产生的效果却是很多很多。得到微笑的人，可能会因此更加富足，给予别人微笑的人却不会因此而变得贫穷。微笑只是短短的一瞬，但是它留下的记忆有时却能永存。富人也好，穷人也好，都因为微笑而变得富有。

微笑是彼此心灵沟通的钥匙，全世界的人都知道用微笑能打开人们心灵的窗户。微笑是盛开在人们脸上的一朵美丽的花，时时刻刻散发着迷人的芬芳。心烦意乱时，别人一个鼓励的笑，会使你心平气和地走出颓

废的低谷；发生矛盾时，彼此一笑，就能化干戈为玉帛；亲朋好友分手时，彼此赠送一份恋恋不舍的微笑，就蕴含了美好的祝愿与悠长的牵挂；与陌生人同行时，对方微微一笑，就能减少拘束，增加信任。有了微笑幸福就会越来越近，有了微笑成功也会越来越近。

小王、小张和小李是一个化妆品公司的三个女职员，负责推销一款新上市的化妆品。她们被分配到不同区域，并且都有自己独特的营销策略，但是，只有小李卖得最好。奇怪的是，小李并不处在最好的地段。

小王，站在人流聚集地，可以说是地处黄金地段。但她总是板着脸站在那里，当有人来询问时，她总是一副无精打采的样子，并露出一副招牌式的苦瓜脸。每逢刮风下雨，都很难寻觅到她的身影。

小张，她没有固定的场所，不停地转移位置，哪里人多往哪跑。她顾不上显示任何表情，她看似很繁忙，但销量却不尽如人意。

小李，她总是固定地站在一个地方，她总是保持着微笑，并且使用“早上好”愉悦地向身边的人问好。当有人来询问时，她会露出灿烂的笑容，当别人转身离去时，她会说“再见，祝你天天快乐！”她的销量是最高的。

小李并没有优越的地理位置，也没有繁忙的奔跑，她只是靠自己的微笑赢得了顾客，成为销量最高的一位。

女人的微笑是世界上最美丽的表情。会微笑的女人都拥有良好心境，心地平和，心情愉快；会微笑的女人都会善待人生、乐观处世，她们的心底充满了阳光；会微笑的女人拥有强大的自信，她们对自己的魅力和能力抱持积极和肯定的态度；会微笑的女人内心都流露出真诚与友善、坦荡与善良。

不同职业和身份的人,如果充分意识到微笑的价值,并在各种场合恰如其分地运用微笑,就可以传递情感、沟通心灵、征服对手。与人初次见面,给对方一个亲切的微笑,在一瞬间就拉近了彼此的距离,消除了双方的拘束感;与朋友见面打个招呼,点头微笑,显得和谐、融洽;上级对下级,一个微笑,会让人感到平易近人;服务人员面带微笑,顾客就有宾至如归之感。尤其对职业女性来说,微笑是巨大在职场力量,能拉近同事之间的距离,从而充满信任与感激。了解完微笑的重要性,我们再来看一下在保持微笑的同时,还需注意哪些方面:

微笑如此重要,我们要时刻展现,但要注意以下几点。

(1)把握微笑的时机。在与对方交谈中,最好的微笑时机是在与对方目光接触的瞬间展现微笑,这样能够促进心灵的友好互动。

(2)把握微笑的层次变化。微笑有很多层次,有浅浅一笑,泪中含笑,也有哈哈大笑。在整个交谈过程中,微笑要有收有放,在不同时候使用不同的笑,如果一直保持同一层次的微笑,表情会显得僵硬、呆板,被对方认为是傻笑。

(3)注意微笑维持的长度。微笑的最佳时间长度以不超过 3 秒钟为宜,时间过长会给人假笑或不礼貌的感觉,过短则会给人皮笑肉不笑的感觉。微笑的表情更有讲究,不同的场合适合不同深度的微笑,不同的笑,也可以显示不同的思想态度和感情色彩,产生不同的影响,在与人交谈中,放声大笑或傻笑,都是非常失礼的,工作中把握好微笑的尺度,更能显示你的内在修养。

点赞正能量

微笑的女人是最美的,不仅美在外表,也美在心灵,不管在职场还是生活中,懂得微笑的女人是最受欢迎的!

2

懂得赞美，让自己赢得好人缘

美国著名心理学家威廉·詹姆斯曾说过："人性深处最大的欲望，莫过于受到别人的认可与赞美。"赞美意味着被认同、被接纳、被欣赏，能让人看到自己的价值。相反，一个人做什么、说什么，身边的人都熟视无睹，没有人能肯定他、赞美他，那么，这个人会越来越绝望。可见，谁都渴望被人赞美，因为这是人的基本需求。赞扬能使柔弱的躯体变得强壮，能给恐惧的内心以平静和信赖，能让受伤的神经得到休息和舒缓，能给身处逆境的人以"柳暗花明"的感觉和决心。无论对方是什么人，只要你以真诚的赞扬来激励对方，给对方打气鼓励的话，对方就会自然地显示出友好和合作的态度来，会觉得自身的价值获得了肯定，能使自信心增强很多。

在职场中，赞美很是重要，懂得了赞美，会让你拥有好人缘。莎士比亚说过，人们的耳朵不能容纳忠言，但是赞美却是很容易听进去的。赞美是发自内心的，相信每个人的内心都渴望得到别人的赞美。

需要注意的是，赞美固然重要，但要适可而止、恰到好处。学会赞美并不是让你学着阿谀奉承，而是要出于真诚和自然。

有这样一个故事，古时候有两个人，一个叫祝子园，一个叫唐凌，他二人将到京城任官，临行前，到老师家中辞别。老师嘱咐他们道："现在时局走正道是行不通的，你们去京城做官，对上应恭谨，这叫送高帽子，能如此，不仅不会得罪人，还容易把事情办好。”唐凌赞叹地说：“老师的话实在太好了，今天像老师这样不喜欢高帽子的有几人呢？”老师听完后十分高兴。回程中，唐凌就对祝子园说：“你看！高帽子已经送出去一顶了。”

那么在我们工作生活中，该怎样更好地赞美他人呢？

(1)适度地赞美。工作中，如果能对你的上级、下属或者是同事进行真诚的赞美，那对于在企业中创造一种融洽的人际关系，提升员工的工作主动性都将起到积极的作用。

(2)赞美具体化。人都有自动把局部夸大为整体的特点，因此赞美的时候只要从某个局部、某件具体的事情入手就可以了，其他的工作对方会自动完成，而且局部、具体的赞美会显得更真诚、更可信。

(3)赞美别人得意的事情。每个人跟你谈到他认为得意的事情时，往往希望得到热烈的回应。因此，当别人谈到自己得意的事情的时候，我们不妨给予适当的赞美。例如，当上级谈到最近做成了一笔大生意的时候，你可以通过像“不得了，我还从来没看到过这么大的订单呢”这样的话来表达自己的敬佩之情。

(4)真实的情感体验。这种情感体验包括对对方的情感感受和自己的真实情感体验，要有发自内心的真情实感，这样的赞美才不会给人虚假和牵强的感觉。如果对方恰逢情绪特别低落，或者有其他不顺心的事情，过分地赞美往往让对方觉得不真实，所以一定要注重对方的感受。

点赞正能量

每个人都需要赞美。当我们赞美别人的时候，其实是在赞美自己，它是最美的语言，人因赞美而不同，世界因赞美而精彩。

3

温柔的声音让你更有亲和力

生活中，有一口优美嗓音的女人，更容易被周围人接受，好的声音、语气和语调给顾客以亲切、热情、友善感。

女人最大的魅力在于温柔，而声音又是温柔女人的重要表现。一个人的声音对人的形象会有影响。特别是女人，如果一位长相漂亮、举止优雅的女子说出的话咄咄逼人，会使形象大打折扣。

在与人交往时，给人的第一印象除了举止仪态之外，那便是声音了。声音的感染力是非常大的，有时候我们在电话里听到娇美、圆润的声音，就会猜测是一个年轻的、热情的、富有感染力的人；如果听到的是无精打采的声音，我们就会猜想对方可能是一个落魄、无为的人。对职业女性来说，声音有非常重要的作用，温柔的声音让人着迷，能表达你的善意，让你更有亲和力。

林志玲被大众以台湾“第一名模”所追捧，她美丽温柔、声音甜美，她拥有西方美学、经济学双学士学位。她是漂亮、知性、可爱的模特，身兼主持、唱歌、演员等多重身份。她乐观开朗、阳光向上，脸上总带着那份甜美的笑容。她爱撒娇，但同样也成熟妩媚。她是大家心目中的女神。

林志玲自嘲说，就像一开始，外界对她最大的攻击就是她那自成一派的“嗲妹妹”风格。对此，林志玲有点委屈地表示，她并没有去强化这种嗲，所谓她的嗲，其实是被夸张了。“我其实一直说话都是这个样子，我只是会保留那个原本真实的声音，而我自己并不觉得它是很嗲。但，我也承认，在主持或者演戏时，这种嗲声是一定要调整和做改变的。”

尽管有着如日中天的身价，但林志玲仍觉得一切都刚起步，知名度是别人给的，她在意的还是自己的本质。

不难想象，林志玲事业的成功，她的温柔大方、言语甜美，起到了极大的促进作用。现如今，很多女人懂得打扮，懂得穿衣，懂得用香水，懂得学习礼仪，却不懂得善用声音，不懂得怎样去爱惜自己的第二张脸。要知道，如果声音难听，尽管穿着讲究品位，也很难让人产生好感。而温柔的声音能展现女人的独特魅力，可以征服每一个人，也能让你的生活美满，让你的事业更加成功。

声音在人际交往中起着非常重要的作用。作为女性，温柔的声音是最能感染人的，具有强烈的亲和力，从而增加魅力，成就自我。

4

祸从口出，职场不要搬弄是非

职场上，最不招人待见的就是那些“搬弄是非”的人。在如今的职场，处处讲究团队协作，搬弄是非不利于团结，这样的人，同事不会喜欢，领导更不会喜欢。所以说，在职场中一定要管好自己的嘴，尤其是那些“爱管闲事”的女性，不要随便议人是非，打小报告，在背后说人坏话等。俗话

说：“人无千日好，花无百日红。”能在一起共事是一种缘分，同事之间相处贵在真诚，而不是拉帮结派，搬弄是非，把本来和谐的人际关系搞得复杂。

在职场中，搬弄是非是极其恶劣的，往小了说会影响别人的心情，往大了说可能会影响公司或企业的凝聚力，所以说，搬弄是非最不招人待见，甚至遭人唾弃。我们经常遇见这样一些人，老抱怨公司福利不好，公司老让加班，不给加班费。他认为自己说这些没关系，可是有时候这种话传来传去，被添油加醋，传到老板耳朵里可能早就变了味，印象自然不好；还有一些人喜欢在背后议论同事，谁谁能力不行，传到别人耳朵里就把人给得罪了；即使你不议论别人，也要记得不要把别人的话传来传去，蓄意挑拨，不然会引起纠纷。

莉莉是一家公司的销售，也是这家公司的元老和功臣，她的工作能力相当的不错，几年来凭着三寸不烂之舌为公司谈下了多笔大生意。可她却一直只是个销售，公司五年里换了三个销售总监也没轮到她。原因就是她觉得自己有能力，天天抱怨公司这个不行、那个不好，还多管闲事，爱打小报告，就是别的同事干出一点儿成绩受到领导表扬，她都会跑到领导面前搬弄是非。这样时间一长，同事不喜欢她，搞得关系很僵，办公室氛围很紧张。这些领导都看在眼里，这样一个爱搬弄是非的人怎么可能被提拔呢！

这个案例警示我们，职场中千万不要搬弄是非，一定要谨防祸从口出，尽量做到守口如瓶，专心做好自己的本职工作，对看不惯的人和事，不在自己的职责范围内的，不要妄自评价，同时，也不可自吹自擂。

具体来说，我们要注意以下几点。

(1)不要传话。俗话说：“谁人背后不说人”，大家坐到一起总会对事、对人有所评论，女性更是如此，无论是对事对人，还是对事不对人都不好，因为对别人评头论足总是不好，不说最好。为什么你要去传话呢，无论是张三说了李四，还是李四说了张三，都会给同事之间带来问题。尤其是在同事之间出现了问题、分歧的时候。更不能知道什么说什么，造成同事间更大的误解。

(2)同事之间无意说了什么别太当回事。人非圣贤，孰能无过。再有水平和修养的人也不一定不说错话，不说伤人的话。“说者无心，听者有意。”我们常犯这样的毛病，一方面，要学会说话不能太随便，另一方面，别人无意说的话不能太当回事。要时刻提醒自己，要谨慎说话，闲谈不论人非。

(3)同事间有了矛盾要及时沟通和交流。本来也没有什么，你不理我，我不理你，应当树立一个阳光的心态。因为一点儿小事就记仇，怎么能解决问题呢。遇事多在自己身上找不足，总是看着别人不顺眼，能有什么好结果。有些事情只要说开了，心情也就舒畅了，也就没什么了。

搬弄是非是职场中的大忌，尤其对女性来说。我们要做的是守口如瓶，一心想着工作，而不是在别人背后说三道四造谣生事。

5

真诚相待，才是交际的王道

孟子认为：“诚者，天之道也；思诚者，人之道也。至诚而不动者，未之有也；不诚，未有能动者也。”这句话告诉我们，“诚”是顺应天道与人道的基本法则，也是中国封建社会道德评价的基本标准和伦理规范。像真诚、诚信都是孟子所倡导“诚”的体现，现代社会也一样，“诚”依然是人际交往

中最重要的原则。

众所周知，真诚是人际交往中的立足点，是一个人品行中最闪光的部分。唯有拥有了真诚，才会发出耀眼的光芒，才能吸引他人的眼球，才能营造良好的人际关系，才能把自己成功地推销出去。尤其是对于职场人士来说，真诚尤为重要，只要拥有了真诚，那你在职场就会越走越顺。因为，相比能力来说，自身所具有的品质能让人更快地发现，你拥有好的品质，人们就愿意和你接触。

小芳是一家广告公司的新员工，她虽然进入公司没几天，但是凭着自己的交际能力，很快就赢得了同事的好感。因此，大家都非常乐意帮助这位新来的同事。

但是没过多久，很多同事就渐渐地疏远了小芳。原来，同事在和小芳相处的这一段时间中，发现她是一个非常虚伪的人，虽然她说得非常好听，但是对于答应的事情，从来没有兑现过，每次都是找借口推托。时间越长，同事们对小芳的认识越深刻，觉得她是一只“披着羊皮的狼”，对她就越是疏远。

一次领导让小芳为一个企业的产品做一份广告策划方案。小芳接到任务之后，就投入到了工作中，但由于领导给的时间太短，她自己根本无法完成。小芳非常希望得到同事的帮助，但是当她向同事请教的时候，大家都以工作为借口拒绝了。

到了领导规定的时间，小芳的策划方案还是没有一点儿进展。对此，经理非常生气，严肃地批评了她。随后的工作中，小芳便被孤立了，没人愿意和她交流，更不会帮助她，最终小芳辞职了。

通过小芳的经历我们可以看出在职场上，不真诚的员工也许会得意一时，但最终害人害己，最终不但会遭受鄙视，甚至还会失去工作。

人际交往中，真诚是相互的，只要我们真诚待人，做事讲诚信、重承诺，才能得到他人同样真诚的对待。因为，真诚是一种至关重要的职业素养，而这正是每一位员工立足职场的根本。只有我们真诚待人，才能有一个良好的人际关系，受同事尊重、领导青睐，从而成为最受欢迎的人。

人是社会的人。不管这个人在干什么，处于什么职位上，都少不了要与人交往。而且人是群居的，需要交流，需要友情，需要人与人之间的那份真诚和真心。在纷繁复杂、竞争激烈，合作却也平常不过的职场，员工之间更需要理解，需要友谊，需要真诚。只要我们在与同事相处时，能以礼相待，相信你的人际关系也一定会日趋融洽。学会待人宽容，与人为善，别人就会从内心深处接纳你，只有真诚待人，别人才会真诚待你。

真诚是人际交往的立足点，是我们必须要坚守的底线，职场上尤为如此。只有你真诚待人，别人才会以诚相应，工作才能更好地开展，事业才能顺利进行。

6

学会拒绝，聪明地说“不”

在工作生活中，拒绝是我们每个人应该学会的，我们要有在适当的时候拒绝别人的意识和勇气，要知道，一味地逢迎、妥协、逆来顺受并不会得到别人的尊重，反而会让别人看轻你。如果你适当地拒绝，拒绝得有理，你不但不会得罪对方，还会让对方尊重你，对你刮目相看。对于职场中的我们来说，学会拒绝也是一种自卫、自尊与沉稳的体现，同时也是一种豁达与明智。

我们在职场中，经常会面对同事的请求，如果是力所能及或者说应该帮的事情，那还好办，如果是一件难度很高的事情就有点不知如何是好了。如果我们答应了，可能要连续加班几个晚上才能完成，搞得自己很累，甚至耽误自己的工作；如果不答应，好像不给同事面子，可能影响关系，确实很让人为难。这在职场中已成为一种普遍现象。

一次，小王接到刘洋的电话，他心急火燎地请求小王再帮他一下，写个新方案给客户，他说客户已经催了他好几次了，而他实在没时间。最近因为和女朋友谈恋爱的关系，刘洋常常这样请小王帮忙做方案。刘洋是小王在公司里关系比较好的同事之一，以前他们在业余的时间常常一起去打球、游玩，小王挺喜欢刘洋的洒脱和率真。所以一个月前当刘洋一脸兴奋地谈到他和一个女孩子交往的时候，小王毫不犹豫就答应了帮他干点活，给刘洋更多的时间去谈恋爱。可是一个月下来，小王发现自己越来越不快乐，他发现自己已经厌倦了总是帮刘洋做事。可是怎么拒绝刘洋呢，他觉得很难说出口，作为好朋友是该相互帮助的，拒绝会不会让他失去这个朋友呢？小王很苦恼，不知如何是好。

案例中的情况确实让人很苦恼，不知如何是好，可见，学会拒绝是非常有必要的。在职场中，尤其是女性，更应该学会拒绝，这几乎是一种生存技能。学会拒绝的女人，会拥有更多的机会。一个人的空间是非常有限的，只有你的空间扔出来许多不应该占领你空间的东西，才能有很多东西进来。聪明女人应该学会拒绝。女人在生活中要善于拒绝，才是为大家所欣赏的女人。

某公司的办公室文书小韩长得亭亭玉立、水灵灵的，被人视为公司一枝花。一天总经理邀她共进晚餐，此时小韩不明总经理邀约用心，便装出十分抱歉的表情说："总经理，实在不好意思，这两天我患了肠胃炎，白天跑了六七趟，准备晚上输液的。感谢您的一番美意。"总经理虽然心中不快，但还是准允了。

小夏在公司里以老实著称，一次老板派给她一个任务，去出差催款。小夏性格木讷，不善于和别人打交道，催款这种事情她肯定做不来，应该交给能说会道、善于交际的人去做才好。小夏心里这么想，却不敢说出来，也没有勇气拒绝老板，只好硬着头皮答应了。来到目的地，对方热情地招待小夏，酒桌上对方要小夏喝酒。小夏坚持自己的原则，一口也不喝，让对方下不了台。对方一气之下编了一个理由，把小夏打发走了。小夏没有完成任务，老板自然非常生气。老板说："如果你办不到，为什么还要答应？这是工作，不是游戏，逞什么英雄！"

以上两个小案例中的女孩显然不懂得拒绝，从而产生了不好的结果。学会拒绝，聪明地说"不"，才活得真实自在。我们不仅要敢于拒绝，也要善于拒绝，既要能够拒绝别人，又不能让对方太尴尬和难堪。具体说，可以参照以下几点：

(1)先学会倾听，再拒绝。在提出要求时，对方心理总是有担忧，担心你会不会马上拒绝，担心你会不会给他脸色看。因此在你决定拒绝之前，首先要注意倾听他的诉说，比较好的办法是，请对方把处境与需要讲得更清楚一些，自己才知道如何帮他。接着向他表示你了解他的难处。倾听能让对方先有被尊重的感觉，在你婉转表明自己拒绝的立场时，也比较能避免伤害他的感觉，或让人觉得你不是在应付。

(2)温和坚定地说"不"。如果你无法帮助别人，就应该温和坚定地说

“不”，语气要诚恳，并说明你的苦衷，告诉他为什么无法帮助他。当你仔细倾听了同事的要求，并认为自己应该拒绝的时候，说“不”的态度必须是温和而坚定的。同样的，温和地表达拒绝，也比直接说“不”让人容易接受。拒绝后，对方肯定想知道你的理由，你就应该坦诚地告诉他你的理由，如果一句话也不说势必会引起误会，对方也许会怀疑你根本就不想帮助他，而不是你没有能力。

(3)事后关心。不要以为拒绝了就完事了，而应该在事后给予对方一些关心。拒绝后你可以给对方一些建议，隔一段时间还要主动关心对方的情况。有时候拒绝是一个漫长的过程，对方会不定时提出同样的要求。若能化被动为主动地关怀对方，并让对方了解自己的苦衷与立场，可以减少拒绝的尴尬与影响。从对方来讲，拒绝本来就是一件伤害别人的事情，你就更应该适时地给予对方一些关心，这能够起到安慰对方的作用，而不是让对方陷入孤立无援的境地。

职场中，拒绝是我们每个人都要面对的，学会说“不”更能彰显我们的智慧，体现我们的价值。懂得拒绝的女人才更为大家所欣赏，从而拥有更多的机会。

7 批评的时候一定注意策略

在职场中，犯错是难免的，这就使我们要面对批评的问题。假如你是一名管理者，员工犯了错，你会怎样批评？如果批评的太严厉，员工会有情绪上的抵抗，自然起不到什么好的效果。如果批评的太过含蓄，员工根本不当一回事，而当耳旁风，起不到任何效果。这就要求我们要懂得如何批评，批评是一门艺术，要讲究方式和方法，如果处理不当，会有不良的后果。

有家网络公司的总经理曾经讲了这样一件事情：

我的助理可以说是我的死党，公司里面的所有事情我几乎都会跟她商量。她也很为公司着想，一心扑在工作上，经常加班加点，任劳任怨。

但她有两个毛病是我不能接受的：一是私心，二是喜欢找借口。因为她是我身边最忠心的幕僚，自然她的权力也较一般经理更大，使她会在报销的时候多报，或者在购物的时候会为自己顺便买一些小东西。

还有就是喜欢为自己找借口。比如，会为迟到找借口，会假借手机没电说回不了电话……其中有相当一部分理由是不成立的。我犹豫和思考了好久，还是找她谈了。因为我觉得公司的很大一部分都在她身上，如果她不改正这个缺点，那我会很担心，而且对公司的发展也是不利的。说的时候，我是借助一件事情而说的。那件事情是她没有做好，我在批评她的时候，她竟然又说是其他员工不配合所致。这让我有点恼火了，我料想多半是她自己交代不清所致。但我还是打电话给另外一位员工核实情况，果然是那位同事没有收到明确的任务布置。于是我就借题发挥，趁机数落了她的缺点。我告诉她我为什么发这么大脾气，不只是眼下这件事，而是她自身的缺点。

这一下不得了了，从此以后，她的积极性大受影响，在工作上也不再那么主动了，对我也不再嘘寒问暖了，每天只是中规中矩地做事，也不再发表自己的意见。你吩咐了她就做，也不再主动提醒我了……

显然，案例中这位总经理的批评没有起到什么积极的效果，影响了员工的工作积极性，这是很值得我们思考的现象。批评的目的肯定不是打击员工的工作积极性，而是鼓励和约束，取得一个良好的结果。那么，职业女性该如何恰当地指出别人的问题呢？

(1)摆正自己的心态。我们每个人都是平等的，没有地位高低、身份贵贱之分。切忌说一些有伤下属自尊的话。工作的失误有可能是员工本人一时疏忽大意，也有可能是不可抗拒的外力所致。因此，开展批评时，应只对事不对人，切忌对下属进行人身攻击，也不可将其以往工作中出现的错误集中起来兴师问罪。

(2)避免当众指责。有些领导喜欢当众斥责下属，以此转移责任，这种做法是不可取的。身为领导，无论如何都对单位的人和事负有责任，这是谁也推诿不掉的。一味强调自己的不知情，反而暴露出管理不力，还会给人留下自私狭隘的印象。在发生问题的时候，如果你确实不太知情，应把有关人员找来，把问题问清楚，然后让下属回去继续工作，等事后进行必要的纠正、责备时再严格执行。

(3)不要过分指责。对于工作中产生失误，并已经认错的下属，不论是真认错还是假认错，认错本身总不是坏事，作为领导应予以肯定，然后顺着认错的思路继续下去：错在哪儿？为什么会犯这样的错误？错误造成了什么后果？怎样进行弥补？怎样防止再犯类似错误？这些问题解决了，批评指责的目的也就达到了。对领导批评之后就能认错道歉的下属也不用太过责备，特别是犯了极轻微的错、第一次犯错和不小心犯错误的，只要稍微提醒一下，就算是警告了。

(4)因失败而指责要注意方法。同样是失败，如果动机是好的，可以不指责。领导要做的就是纠正下属的工作方法。而如果是因为恶意、懒惰，没有按照工作程序，擅作主张所造成的失败，就要给予指责、处罚。由于领导的指导方法错误造成的失败，当然也不能指责，应先弄清楚责任所在，让下属明白问题之所在，然后指责该负责的人或自己承担起相应责任。由于不能防止或不能抵抗的外在因素影响而导致的失败，当然不是下属的错，下属没有义务承担这个责任，没有责任就不能指责。

另外，职业女性还要学会在被批评的时候，应该如何正确面对。职场中，有批评的一方，就有被批评的一方。作为被批评的一方，尤其是女性，天生性格敏感，内心比较脆弱，面对批评更要用一颗强大的内心去面对。在被批评时，要注意以下几点：

(1)受到批评最忌满不在乎。很少有领导把批评、责训别人当成自己的嗜好。既然批评，尤其是训斥容易伤和气，因而他在提出批评时也是要慎之又慎的。而一旦批评了别人，其中就有一个权威问题和尊严问题。如果你对批评置若罔闻，我行我素，其效果也许比当面顶撞更糟。

(2)对批评不要不服气和牢骚满腹。批评有批评的道理，错误的批评也有其可接受的出发点。更何况，有些聪明的下级善于“利用”批评。也就是说，受批评才能了解上级，接受批评才能体现对上级的尊重。所以，批评的对与错本身有什么关系呢？比如说错误的批评吧，对你晋升来说，其影响本身是有限的。你处理得好，反而会变成有利因素。可是，如果你不服气，发牢骚，那么，你这种做法产生的负效应，足以使你和领导的感情拉大距离，关系恶化。

(3)不要把批评看得太重。绝没有必要把一两次受到批评和自己整个前途命运相联系，觉得一切都完了，天昏地暗，灰心丧气。如果批评了你，你就一蹶不振，打不起精神，这样会很让领导看不起。如果你是这样一种表现，以后领导可能再不会批评、指责你什么了。可是，他也就再不会信任和重用你了。

(4)受到批评不要过多解释。受到上级批评时，反复纠缠、争辩，希望弄个一清二楚，这是很没有必要的。确有冤情，确有误解怎么办？可找一两次机会解释一下，点到为止，切忌不可纠缠不休。

点赞正能量

职场中批评别人要掌握一定技巧，否则会适得其反，得到不好的结果。不论批评还是被批评，我们都要正确地看待，把他当成一次契机、一次机会，目的是变得更好，而不是更坏。

8

言行谦和礼貌，不越规不逾矩

要做好职场上的沟通，首先要有一个谦和低调的心态，切不可居高临下、桀骜不驯，即使你确实比办公室里的人都高明，也切不可恃此为傲，目中无人，对人颐指气使。这不仅是无礼的行为，长此以往，也会使自己陷入孤立境地，不利于自我的发展。所以，一定要保持谦和的心态，彬彬有礼地说话，做到与人为善、处处和气，才能无往而不利，营造一个良好的人际关系。

作为职业女性，更应该显示女性魅力，注意自己的言行举止，和同事交流时要尊重对方和自我谦让。所以常用敬语、谦语和雅语，无疑会有效地保证自己的语言文雅而有礼貌，不要以为同事之间天天见面，就将问候省略掉了。“您好”“早安”“再会”之类的问候语要经常使用。

某公司财务专员讲述了这样一个故事：

我们公司的场地构造有点特殊，进门的玄关旁边有一个座位，因为我是财务，不用和他们项目组的同事坐在一起，所以玄关旁边的位子就是我的座位。我们公司前几个月新来了一个大学毕业生，每次进门首先看见我，招呼不打一声、头也不点一个不说，还直瞪瞪看了我一眼就走进去了，我怀疑她可能以为我只是相当于前台的接待，所以如此不屑。后来过了几天，大概她终于搞清楚我并非什么只负责接接电话、收收快递的阿姨，而是掌管她每个月工资的“财政大臣”。突然有一天就殷勤起来，一进门“张老师”叫得响亮。可是，我心里的感受却不一样了，即使她现在对我再怎么尊敬，毕竟是有原因的，我对她也生不出什么好感来。我就很纳闷怎么一个堂堂大学生刚进社会就学会了势利？如果我真的是前台阿姨，是不是她这辈子都不打算跟我打招呼？

新人刚进职场，礼貌很关键，人际关系一定要妥善处理，不能以貌取人或者想当然，要记得地位低下的员工同样也是前辈或者长辈，哪怕是打扫卫生的阿姨，如果正好清理到自己的纸篓什么的，不忘记说一声“谢谢”，就会平添自己很多的亲和力和人缘。

案例中可见，言行礼貌的重要性，它往往代表你给人的第一印象，如果印象不好，建立良好的关系就难了。在职场中，“请”“您”“谢谢”“对不起”“没关系”“打扰了”等礼貌用语要不离口，这样你就会大受欢迎，谁都会乐意帮你，愿意与你相处，你的工作也会更加顺利。

在我们懂得谦和礼貌的同时，也不要越规逾矩，要循规蹈矩，遵守公司制度，行为要多加检点。做到不要在办公室里吸烟，也不要当众化妆。如果很想吸烟或需要化妆，则应去专用的吸烟室或化妆间。若附近没有这类场所，则可借助于洗手间；办公时间不要离开办公桌，看书报、吃零食、打瞌睡一定会引起上司的不满。私人电话接起来没完没了会招致同事们的白眼，而坐在办公桌上办公或将腿整个跷上去的样子都是很难看的；不要利用办公室电脑玩游戏、炒股票或浏览与工作无关的网站。如果是公共电脑，应根据任务的轻重缓急与同事协调好使用电脑的时间，使用时不要打开或删除同事的文档。

要养成守时的习惯，不迟到，不早退。应该提前 10 分钟到达办公室，有助于体现效率原则。尽管只是 5～10 分钟，却能让你做好充分准备，以饱满的状态投入工作。相反，仅仅迟到几分钟，仍然会使你显得缺乏敬业精神。即使上司或同事对你的迟到行为没有多说什么，那也不表示他们

对此毫不在乎；对于上司布置的任务，做下属的应当服从和执行，并在执行任务的过程中及时向直接领导请示和及时汇报工作进展。下属面见上司时，要注意衣着整洁，不在上司面前抽烟；上司发表的言论，即便有不妥之处，也不该立即打断，尤其是有他人在场时，可以等上司说完再诚恳地提出自己的见解。

点赞正能量

谦虚礼貌是为人的基本要求，给人一种良好的印象，有助于沟通交流。在职场中，我们更应该如此，言行谦虚，做事有规矩，塑造一个良好的职业形象，工作开展起来就容易多了。

第六章

装扮形象，塑造美好：做优雅靓丽的职业女性

每位女性都是职场一道亮丽的风景，需要我们去塑造，需要装扮与修饰，让自己变得赏心悦目，给人一种美好印象。这不仅是对别人的一种尊重，也大大提升了自己的自信，有利于工作的开展，有利于事业的成功。

1

气质优雅是女性最大的魅力

优雅是一种素质修养的表现，是女性魅力的显露。它是盛开在女人身上的花朵，芳香四溢，是女人追求的至高境界，它不因岁月的流逝而消失，而是随着时间的沉淀而愈发醇香。一个容貌美丽的女人未必优雅，而优雅的女人一定“美丽”。外在美易随风而逝，肤浅而不耐寻味，而优雅的女人用丰富的内心世界和对生活的智慧，让自己风姿绰约。优雅是一种味道，由内而外散发着迷人的芳香，举手投足间散发着成熟女人的迷人气息。

女人的气质，需要慢慢修炼。优雅，当然更需要岁月的磨砺，在人生的种种境遇中，不断成熟、完善。久而久之，哪怕是一个眼神、一个手势，都会显得优雅、动人。

奥黛丽·赫本被世人敬仰为“人间天使”，她是集优雅、高贵、智慧和魅力于一身的完美女神，是众多漂亮的女星中最富优雅魅力的一位。她告诉我们，其实做女人很简单，就是要明白自己可以做什么，不可以做什么。奥黛丽·赫本代表了一个女人所能做到并渴望做到的一切，过去是这样，现在也如此。

赫本的美丽是世界公认的，她五官的精雕细琢，每个部位都

恰到好处，与生俱来的优雅魅力，更是无人能及，过了半个世纪，还是没有一个人能超越她的美。由于赫本在银幕上的形象，广大观众十分喜爱她。在她声誉鼎盛的20世纪五六十年代，世界各地的影迷把她奉为“银坛女神”，对她的名作百看不厌。摄影师们爱看她那毫不俗艳的美，都喜欢为她拍照，捕捉那“无法比拟的美”，著名导演比利·怀尔德说：“自从嘉宝以来还不曾出现过这样的人物，导演见了会忍不住再三为她大拍特写镜头——拍她那端庄的大眼睛，拍她那诱人而甜蜜的笑靥，拍她活跃的举止，拍她那炽热的感情。你离开了影院，但她的音容笑貌时时出现在你的眼前，挥之不去，欲忘不能。”

赫本不仅外形纯美，而且内心也纯洁高雅，她为人有教养，从不摆大明星的架子。因此，演员们都很愿意与她同台演戏。在《罗马假日》里，她与格利高里·派克合作得就十分好。在拍斯坦利·多南执导的《俪人行》中，她与男主角扮演者阿尔伯特·芬尼合作得也相当愉快。两位主角甚至有时因为在摄影机前笑得太过火而只好重拍。阿尔伯特情绪极好，经常讲笑话，一场戏下来，检查录音时，突然听见阿尔伯特说：“我和奥黛丽要当导演啦！不晓得斯坦利·多南还能挣到什么钱！”自然这段录音只好剪掉，重录。当然也有一些演员因为赫本名气太大，与她一起拍戏还有些不适应。1957年，赫本主演了派拉蒙电影公司当年的最佳影片之一《滑稽面孔》，与她配戏的好莱坞舞蹈名腿、57岁的弗雷德·阿斯泰尔被赫本弄得魂不守舍，在该片开拍之前便没完没了地表白：“这是我和伟大而可爱的赫本合作的最后也是唯一的机会了，我不能错过这个机会。”在拍《蒂梵尼早餐》时，和她演对手戏的是年轻英俊的演员乔治·佩帕德。他非常紧张，在拍一场与赫本的床上戏时，他躺得过于靠边，不料扑通一声跌倒在地板上。后来，赫本热情主动帮助他，使他消除了紧张，终于拍好了这场戏。

赫本是世界影坛上难得一见的瑰宝，她的容貌清秀，不俗艳，而且耐看；她的身材苗条修长；她的气质永远那么优雅。在观众心目中，她从不在摄影机前搔首弄姿，更不用裸露镜头和挑逗性的动作来取悦观众，色情电影更是与她无缘。1976年在拍《俪人行》时，其中有一场海滨的戏，赫本和男主角阿尔伯特·芬尼必须身着游泳衣。优雅、美丽、十分敏感又十分苛刻的赫本，想到自己首次将身体暴露在千千万万影迷面前，不禁紧张到极点。导演斯坦利·多南安慰她，给她打气说，她的身体是大多数妇女所羡慕的，而她还是忐忑不安。戏尽管拍了，但她演的动作很做作，明显是装出来的愉快。她的这种洁身自重的高尚情操，在西方影艺界，尤其是在好莱坞女明星中，是非常难能可贵的。正因为如此，导演和演员们、同事们都愿与她合作，并以此为荣。

优雅是一种知识的积淀，有着终生学习的特性，它是以台阶式提升的，学一点儿，修一点儿，坚持不懈，乐此不疲，魅力也就不断酝酿出来了。不是每个人都有奥黛丽·赫本那般美丽的容貌。如果你的长相并不十分出众，那就更要懂得怎么样去改变自己、弥补自己的不足，或是通过服装、发型、或是通过化妆等把自己装扮得体，显示出你特有的魅力。言谈举止中要落落大方，既要有女性的温柔，又要有女性优雅的气质。

优雅的女人是从容的，更是大度的。她的内心会远离嘈杂，看尽世间百态。拥有优雅的女人随着峥嵘的岁月在成长，她们抱着本真前行，从未丢弃那美好的纯真。她们有着水晶般晶莹剔透的心灵，单纯且轻盈。她们看待世界的眼光如儿童般的率真，充满了真诚，这种眼神能够让冰雪消融，能够让冷风驻足。她们给人以温暖、慰藉与信任，同时还严格要求自己自尊、自爱、自信、自强。她们从没有让颓废、空虚、迷茫近身。她们有强大的内心，不会践踏自己，更不会去刺伤别人。无论时光怎样流逝，都不会让她们的毅力被磨损，更不会使她们内心屈服。这才是一个女人的气质，这才是最大的魅力。

成为气质优雅的女人，并非难事，需要长时间地修身养性，方可培养出气质。玉不琢不成器，任何良好的习惯都需要不断地完善，长久地坚持。做气质优雅的女人，容貌未必属沉鱼落雁之类，但面色一定要温和平静，不留或喜或悲的痕迹；即便大喜过望，也不要笑得摇头晃脑，更不要前仰后合，尽量抿嘴笑，微微笑，实在忍俊不禁时，可以稍稍用手挡一下嘴巴，避免露出牙龈。做一个优雅的女人，说话要慢条斯理，轻声细语，语调最好低沉些，这样比较入耳；行动要轻拿轻放，走路要前脚掌先着地，鞋后跟随之轻落，这样传出的走路声轻巧、柔和、悦耳。做个优雅的女人，要减少嘴巴的活动量，多用耳朵听、脑子想，因为话多的女人往往没时间思考，容易盲目，轻易被对方牵着鼻子走，从而失去自我。做个优雅的女人，要具备一定的文化底蕴，掌握至少一门艺术技能，如音乐、舞蹈、绘画、乐器、朗诵、刺绣等，能接受新事物，不断提高品位，增加知识含量，内在的丰富必然会影响到外在的修养。

优雅是女人最大的魅力，作为女人，一定要追求这种永恒的魅力，让自己美得与众不同，永远风姿卓越，气质动人。

2

塑造美好形象，展示靓丽风采

有人说："良好的形象是美丽生活的代言人，是我们走向更高阶梯的扶手，是进入爱的神圣殿堂的敲门砖。"可见好形象是一种资本。对女性来说尤为重要，一个注意形象并自觉保持美好形象的女性，总能在人群中得到信任，总能在逆境中得到帮助，也必定能在人生的旅途中不断找到发挥才干的机会，这样的女性能时刻用自己的风采魅力影响别人，并能坚持自我本真活出真正精彩的人生。

作为一个女人，要有一个女人的形象，作为一名员工，更应该有自己的职业形象，所谓“干什么像什么”，说的就是这个道理。一个人是不是具备一定的职业素养，从外在形象上就能略知一二。我们要知道，形象是由内涵和外延构成的。内涵就是指一个人的道德品质。道德品质是第一位的，是人内涵的基础。外延是我们女性形象不可缺少的一个内容，就是你形象的外在视觉效果，也就是说你的穿着打扮、言谈举止等可视的外在行为。相貌是天生的，漂亮而年轻的女性自然会比相貌平平的女性引起更多的注意和好感。但相貌的作用不是绝对的，没有内在的良好素质和真才实学，顶多不过是一个“花瓶”式的人物，让人觉得庸俗、肤浅、没有头脑。过分地注重自身的相貌，会使你失去更可贵、更持久的东西，也会影响你的工作业绩。

宋庆龄是中国革命家及“中华民国”国父孙中山的第二任妻子。1927 年 11 月 1 日，宋庆龄等成立国民党临时行动委员会。1938 年 6 月 14 日，宋庆龄在香港发起成立保卫中国同盟。1940 年中国国民党中央常务委员会第 143 次会议决议：尊称孙中山先生为国父，以表尊崇。故而根据传统习惯，宋庆龄女士亦被尊称为“国母”。1981 年 5 月 16 日，全国人大常委会决定授予宋庆龄“中华人民共和国名誉主席”称号。宋庆龄女士是全世界公认的伟大女性，她除了拥有崇高的品质、高尚的人格外，还具有美好的仪表形象。有人这样评价她：她雍容高贵，却又那么朴实无华，堪称稳重端庄。在欧洲的王子和公主中，尤其年龄较长者的身上，偶尔也能看到同样的影响力。但对这些人而言，这显然是终生培养训练的结果，而孙夫人的雍容华贵与众不同，这主要是一种内在的影响力。它发自内心，而不是伪装出来的。她的胆略、见识之高，人所罕见，从而能使她在紧要关头镇定自

若，同时，端庄、忠诚和胆识又使她具有一种根本的力量，这种力量能够消除人们由于她的外表而对她产生的那种柔弱羞怯的印象，使她具有坚毅的英雄主义的影响力。

每个人的形象都有着独特的影响力。因此，形象是每个人向世界展示自我的窗口，向社会宣传自我的广告，向别人介绍自我的名片。别人从我们的形象中获取对我们的印象，而这个印象又影响着他们对我们的态度和行为。同时，每个人都在这个最基本的互动过程中实现着生命的价值。

身为新时代职业女性，塑造美好形象是不容忽视的，我们要展示靓丽的风采，这样能给人一种良好的印象，有利于开展工作。在职场中，塑造美好形象，要注意以下几点。

(1)职业女性应注意培养自己的气质，美好的气质会淡化你相貌、体形上的不足，增加你的内在魅力，从而赢得上司的尊重和欣赏。气质是一个人综合素质的反映，气质更是能征服人心的持久力量。

(2)得体的服饰会展现出女员工的自然美，衬托出女性的气质美。在工作中，年轻女性整洁、别致的穿着，会给上司带来赏心悦目之感，使上司感到你内在的优秀。相反，如果穿着不得体，则会给上司留下不好的印象，从而使他对你产生片面的认识。职业女性切忌奇装异服。工作不是时装秀，它要求女性的穿着应该是大方、整洁，与工作的严肃性和庄重性相适应。

(3)化妆已经成为女性工作、生活不可缺少的一部分。化妆会增加女性的柔媚，突出女性的美。但化妆切忌浓妆艳抹、香气扑鼻。因为这种妆容往往会掩盖女性其他美好的东西，产生庸俗的感觉，肯定不为上司所喜欢。而且，这种化妆在办公室里还会影响其他人的工作，也不会为同事所欢迎。职场的化妆切忌怪诞或过分地新潮，这样会让人觉得性格怪异，爱走极端，自然会让上司和同事感到不舒服。职业女性应明白这样一个道理：天然去雕饰，青春就是一种最好的美，淡雅清新，看不出化妆痕迹应是化妆的最高境界。返璞归真、质朴自然的女员工都是比较受上司欢迎的。

形象是给人的第一印象，以良好的形象示人是对别人的一种尊重，同时也体现一个人的职业素养。现代职场，女性更应该注重职业形象，学会塑造美好的自己，展现自己最靓丽的一面。

3 衣着得体，穿出女人的品位

着装往往是反映一个人生存状况的最直接指标。智慧的女性理解着装的这一功能，并善于装扮自己，展现自己的品位，这样做的结果能使成功的大门为自己进一步敞开。有魅力的女人，往往也是一个懂得穿衣打扮的女人，美丽是“穿”出来的。也许你并没有漂亮的容颜，但你依然有美丽的权利，你可以通过适合自己的打扮使平庸的自己变得更有魅力。其中，穿衣就是最重要的部分之一，穿出属于自己的美，不仅可以增添你的自信，也会使你的气质变得高雅起来。

俗话说：“人靠衣装，佛靠金装。”这里说的就是服饰给女人带来的美丽，女人不仅要懂得穿衣的学问，更要会“穿”衣服。换句话说，也就是女人要选择合适自己的衣服，得体大方，才是女人的魅力所在。我们要学会穿衣服，而且要穿出品位，让着装更好地表现自己，彰显价值。

要想学会得体大方的穿衣，就必须懂得一些服饰礼仪。穿衣打扮必须要考虑到场合、时间。在工作场合需要身着工作装或职业套装；在社交场合需要穿正装；在约会场合、休闲场合，可以穿休闲装；在家里可以穿宽

松舒适的居家服；当你参加葬礼时则需要穿深色、灰色的衣服。穿衣也有很多讲究，要想穿出得体又极具魅力的感觉那就要注意以下几个原则。

(1)时间原则。不同时段的着装规则对女士尤其重要。白天工作时，女士应穿着正式套装，以体现专业性；晚上出席活动就须多加一些修饰，如换一双高跟鞋，戴上有光泽的佩饰等。

(2)场合原则。衣着要与场合协调。与顾客会谈、参加正式会议等，衣着应庄重考究；听音乐会或看芭蕾舞，则应按惯例着正装；出席正式宴会时，则应穿中国的传统旗袍或西方的长裙晚礼服；而在朋友聚会、郊游等场合，着装应轻便舒适。试想一下，如果大家都穿便装，你却穿礼服，就有欠轻松；同样的，如果以便装出席正式宴会，不但是对宴会主人的不尊重，也会令自己陷入尴尬的境地。

(3)地点原则。在自己家里接待客人，可以穿着舒适整洁的休闲服；如果是去公司或单位拜访，穿职业套装会显得专业；外出时要顾及当地的传统和风俗习惯，如去教堂或寺庙等场所，不能穿过露或过短的服装。

现代职业女性在衣着打扮上必须要注意，要让服装与自己所从事的职业相协调，要能体现职业女性的气质。

(1)整洁平整。服装并非一定要高档华贵，但须保持清洁，并熨烫平整，穿起来就能大方得体，显得精神焕发。整洁并不是完全为了自己，是尊重他人的需要，这是良好仪态的第一要务。

(2)色彩技巧。不同的色彩会给人不同的感受，如深色或冷色调的服装让人产生视觉上的收缩感，显得庄重严肃；而浅色或暖色调的服装会有扩张感，使人显得轻松活泼。因此，可以根据不同需要进行选择和搭配。

(3)饰物点缀。巧妙地佩戴饰品能够起到画龙点睛的作用，给女士们增添色彩。但是佩戴的饰品不宜过多，否则会分散对方的注意力。佩戴饰品时，应尽量选择同一色系。佩戴首饰最关键的就是要与你的整体服饰搭配相统一。

另外，我们要知道，着装本身是“不出声的语言”，也就是说，每个人的形象都表达着着装者的修养和文化诉求。因此在学习如何打造出自己美丽的画面时，别忘了研究服饰的文化内涵，让每一件衣服和每一种搭配都诉说着你此刻想表达的内心世界。美的最高境界是和谐，人的着装要能和天气、环境、他人、角色、自己的个性相和谐。只有达到这样的和谐，人才能真正进入美的境界。

美丽是"穿"出来的，可见着装对女性来说意义重大。它是美的体现，也反映出一个人品位的高低。这就要女性在着装上下功夫，穿出自己的美丽以及独特的品位，展现自身价值。

4

妆容精致，为美丽加分

在现代社会，化妆已成为女人生活中必不可少的一部分，它就犹如女人的衣服一样，展示着你不同的风格，展示着你的自信。女人适当地化妆，不仅可以展现自己的美丽，也是对别人的一种尊重。就像职业女性，工作场合化一个精致的妆容是对工作同事、上司、客户最起码的尊重，可以表现出你对这份工作的在意。同时，化妆也可以增强女性的自信，因为并不是所有的女性都天生丽质，绝大多数女人的五官或多或少都有一些瑕疵，有可能是皮肤暗黄，也有可能是眼睛不够大，但通过化妆，可以塑造出美丽的自己，也可以让本来就美丽的我们更加美丽，散发出更多的自信。所以对女性来说，化妆是极其重要的，一个精致的妆容，可以为我们的美丽加分。

女性给自己化个精美的妆容，就是给自己一个好心情，也可以提升美

的修养。对职业女性来说，化妆尤为重要，它可以塑造出一个典雅、干练、稳重的职业形象，不仅可以增添你在外形上的自信，更可以博取上司及同事的好感与信任，因为，能把自己装扮得更美的人，在某一方面也显示了自己的能力，因而能得到更多的肯定。化妆并不是为了与别人攀比，而是为了创造出属于自己的独特美丽。

那如何化妆就成了女性特别关心的问题。

(1)用清洁霜、洗面奶或洗面皂清洁面部的污垢及油脂，有条件的话还可用洁肤水清除枯死细胞皮屑，然后结合按摩涂上有营养的化妆水。护肤可以选择膏霜类，如日霜、晚霜、润肤霜、乳液等。涂在脸上，可以令肌肤柔滑，并可防止化妆品与皮肤直接接触，起到保护皮肤的作用。

(2)那些皮肤透明无瑕的模特令人羡慕，那大多是优质粉底产生的效果。你应选择与肤色接近的粉底色，若粉底色太白，会有“浮”的感觉。粉底不可涂抹过厚，可用拍打的手法薄薄施上一层，注意发际及颈部，要有自然的过渡，以免产生“面具”似的感觉。另外，应在营养霜完全吸收后再上粉，以保证均匀的效果。

(3)高挑的细眉，很有女性柔媚的韵味，可是在办公室里，你最好的选择应是稍粗而眉峰稍尖的眉形，显得能干而精明。如果你的眉毛比较杂乱或眉梢向下，可利用周末比较宽松的时间拔除杂毛，用小剪刀修剪出比较清晰的眉形，你会发现你的脸瞬时焕发出清朗的神采。

(4)学会画眉，如果你总觉得拿着眉笔的手不听使唤，画不出令人满意的眉毛，不妨做个新尝试：用眉笔在手臂上涂上颜色，用眉刷蘸上颜色，均匀地扫在眉毛上，你会惊喜地得到更为自然柔和的化妆效果。

(5)办公室妆容的色彩不能过分眩目，亦不能含混模糊，应给人一种和谐、悦目的美感。在办公室里眼线可以不用，特别应避免用深色的下眼线，因为那会让你的妆容显得做作而生硬。睫毛膏能让你的眼睛焕发清亮神采，使睫毛显得浓密而富有光泽。一款不用事先卷睫毛，刷上即卷的睫毛膏，很适合化妆时间有限的职业女性。以睫毛液强调眼睛中央的睫毛，会令人感到聪明、机灵而有知识性。

(6)即使是在严肃的工作场合,也不要把你的表情固定化。精致合宜的妆容配上单调无变化的表情,总让人觉得有些遗憾。你的表情应该显得轻松、机敏而生动,当然夸张的神情是应该避免的,过多的眼部运动会让你显得有些神经质,缺乏稳定性和承受力。那种发自内心的微笑,是不用花钱的最佳化妆品。

化妆是现代女性塑造美丽最有效的方法,适当的化妆能为美丽加分,从而增加自信,让我们对工作充满信心,对未来充满希望。让我们行动起来吧,化出我们的美丽,化出我们的美好人生!

5

精心呵护肌肤,焕发迷人光彩

女人爱美是天性,特别是对于自己明晰可见的肌肤更是在意。因为对于每一个女人来说肌肤就是她们的第二张面庞,肌肤在一定程度上代表了女人的面子。相信每一个女人都会或多或少地有一些护肤心得,护肤是女性永远的话题,皮肤暗黄、干燥、长斑是所有女人所不愿的。而有的女人正是靠着正确的护肤方法才打造出了自己那白里透红、吹弹可破的冰肌玉肤。因此,做一个有魅力的女人,首先得把自己的"面子工程"做足,而只有掌握正确的护肤方法,才能打造自己完美的外在形象。

台湾名模林志玲能够成为台湾第一美女，成为宅男心中的女神，与她的保养皮肤有着密不可分的关系。据台湾媒体报道，林志玲从十几岁就开始学会保养自己的皮肤，每次洗澡之后，必定要在全身抹上护肤乳液从未间断。

下面介绍一些护肤的好办法。

(1)洁面。彻底的清洁面部，这是护理皮肤的第一步，也是重要的基础部分。每天早晚一定要用温水洗面，一定要选用性质温和，不含有任何刺激性化学物质，能去除毛孔中残留化妆品和污垢，而且适用于任何肤质的洗面奶。彻底清洁面部，能使你的肌肤自由呼吸，更好地吸收保养品中的营养物质。其实，一天两次的清洁面部足已，有的女性因为是油性皮肤，给人一种油腻、不干净的感觉，所以会忍不住用洗面奶一天多次清洗面部，这样不但对皮肤没有任何帮助，反而会起到相反的作用。通常我们的皮肤会自动分泌一种叫油脂层的分泌物，它对皮肤是一种天然的保护，如果过于清理掉它，那你的皮肤就会更多地暴露在各种不利因素下。如果有时间，不妨在用温水洁面后，再用冷水轻轻拍打面部，使毛孔得到充分的张缩。

(2)保湿。保湿就是滋润角质层，使皮肤充盈以淡化面部细小皱纹。做好保湿工作，不仅要使用一些保湿产品，还需要每天补充足够的水分，身体缺水皮肤也会变得干燥。除此之外，每天还需要吃些水果，才能够使皮肤变得水盈盈的。另外选择适合自己肤质的保湿品，肌肤才会变得滋润，这就是水油平衡的结果。干性皮肤在冬天时应选用含油的保湿产品；油性皮肤在夏天时应该选用没有油分的补水产品。如果是经常在户外工作的女性朋友，更需要注意肌肤的保湿，除了使用高效保湿的护肤品外，还可以准备一个小水壶，随时随地补充身体内的水分。

(3)美白。在实施自己的美白计划时，最好不要使用化妆品来达到美白的效果，可以通过吃一些有美白功效的食物进行美白，还可以兼用一些天然的美白“护肤品”。美丽总是由内而外的，饮食也是美白链条中不可或缺的一环。你可以在平时的生活中，多吃一些富含维生素C、蛋白质、矿物质、维生素A的蔬菜和水果，如柠檬、银耳等。或使用一些纯天然的美白“护肤品”进行美白，如用蛋清去死皮：把蛋清涂在皮肤上，可以溶掉死皮，等蛋清干后用温水洗去，死皮脱去，会使人容光焕发；乳酪洁肤霜：把一匙乳酪与一匙柠檬汁混合后涂在脸上，待上十几分钟，然后用热水洗净，再搽上紧肤水及润肤品，肌肤也会变白。

另外，要想拥有光彩照人的肌肤，在日常生活中要注意以下几点。

(1)让肌肤睡好觉。如果经常失眠或睡眠不足，人无法得到全面的放松，则会导致细胞再生的能力受到影响，使肤质发生变化，甚至会因无法消除疲劳而引起食欲不佳、便秘等症状。

(2)在饮食上要注重维生素的补充。富含维生素A、维生素C的食物对皮肤有着非常好的功效，如卷心菜、小黄瓜、花生都有助于防止肌肤黑色素的产生，起到抑制肌肤老化的作用。

(3)坚持良好的运动，可以帮助你全身心由内而外的新陈代谢，排出身体毒素，脸部肌肤才会有光泽弹性。

(4)注意防晒。夏天时，每天出门前应该抹上防晒霜，还应该准备防晒护唇膏、太阳眼镜、遮阳帽、遮阳伞以及长袖衣物，这样才能做到万无一失。

(5)睡前保养是全天最佳的保养时间。面部精华可以涂厚点，尤其是美白、祛斑、抗皱效果的面霜，再加上适当的按摩，能更好地促进吸收。

点赞正能量

俗话说：“一白遮百丑”，可见皮肤的好坏对女人的重要性。要美丽，就要呵护肌肤，让肌肤焕发光彩，增添我们的自信，彰显我们的魅力，让人生像肌肤一样完美无瑕。

6

展现美好体态,提升魅力指数

每个女人都梦想拥有魔鬼般的身材,这是她们蜕变美丽的途径。甚至有的女人认为,自己拥有傲人的身材比拥有漂亮的脸蛋更有魅力。确实,现在越来越多的女人认同这样一个道理:你的体形就代表着你的修养。也许,刚开始听见这句话的时候,会觉得有些不解,但仔细一想就会发现这话其实很有道理。“闻香识女人”,同样的道理,一个女人的体形也能折射出她的修养、品位。体重的保持与控制一定程度上是一个女人修养的体现。所以,一个内外兼修的女人,就要保持好她的身材。

不是所有的女性都天生拥有一幅美丽的面容,但我们可以拥有美好的体态、性感的身材,这同样可以提升我们的魅力指数。女人的好身材就像是一道永远亮丽的风景,使女性更容易吸引别人的目光,让人产生愉悦感,这对职场女性来说尤为重要。

减肥是大学女生中的老话题了,但是到了就业时刻,这个老话题总能找到它的新意义。有些用人单位的网络申请表上,甚至需要学生填写身高和体重。为此,不少为体重而烦恼的女生更是心惊胆战。小雅是一位即将毕业的大学生,身材有点偏胖,在别人看来其实不用减肥,但她却不这样认为。于是从大四下学期以来,她就坚持天天去体育馆跳一个小时的有氧操,坚持每天跑步。“不完全是为了减肥,更希望自己在充足的运动之后,显得脸色红润,气色好。”她这样说,“在面试时,主考官也会注意学生的身体素质和精神状态。”就这样坚持到毕业。去面试的时候，正处于红色低温警告天气，不少同学穿着单薄的套装，冻得缩手缩脚、脸色煞白，一点儿精神也没有。而小雅则显得精力旺盛、神情笃定。因长期运动而保持身材匀称的她，穿着职业装更显得神采奕奕，因此给面试官留下了好印象，加了不少分。也因此，她顺利找到了工作。

运动，无疑是塑造好身材的有效方法，对身心也大有裨益，因此要加强运动。我们也许不能改变不算漂亮的脸蛋，但我们可以通过运动锻炼出好身材。由于人的先天条件的不同，每个人的体型也有所不同。因此，要想拥有好身材，就要根据自己的体型对症下药，选择适合自己的健身方式。

(1)苹果形女性。这种身材的女性适合搏击操、水中有氧操、腰腹操等健身运动。苹果形的女性通常手臂和腿部较细，而腹部、腰部和上臀部则较粗。可选择体操、游泳、跑步等全身性运动，也可以选择哑铃操、仰卧起坐、仰卧举腿、俯卧抬头等局部运动方式。主要是着重四肢力量的练习，不要把时间浪费在锻炼腹肌上。

(2)梨形身体的女性。这种身材的女性适合街舞、踏板操、拉丁健身操等健身运动。梨形女性其脂肪主要堆积在臀部和大腿。可选择低强度、低撞击和增强耐力的健身方法，如跳绳、跳低撞击舞、在平台跑步机上行走等，就能消除这些部位的脂肪。要避免大阻力运动，如上坡、爬高、跳高、撞击舞、骑高阻力单车等，这些运动会令下肢变得更粗壮。

(3)铅笔形女性。这种身材的女性适合杠铃操、瑜伽等健身方式。这种身形的女性通常有细长的四肢和瘦削的躯干，但缺乏强壮的肌肉。可选择任何方式的运动，但运动量应由轻到重循序渐进，跑步、游泳、体操都能使全身肌肉变得均衡。如果能辅以强壮四肢及腹部的局部运动，再加上饮食调理，身材将会变得更为匀称、可人。

(4)V字形女性。这种身材的女性适合爬楼、动感单车、瑜伽等健身

运动。V字形的女性上身较大，腰部有点臃肿而臀部较瘦小。可进行爬高、踏板、有氧操和跑步等锻炼，避免做诸如俯卧撑、举重等使上身强壮的运动，可用下蹲或跨步来强壮下肢，使身体上下部分的比例变得协调。

除了运动，在工作生活中，想要拥有好身材还要注意以下几点。

(1)早餐是每天的活力来源，若不吃早餐，便会整天没精打采，对身体亦不健康，且白天多活动，比较容易消耗卡路里，假如在晚间才进食，反而较易令人发胖。

(2)要保持完美的身材，必须选择合适体型的内衣裤，如尺码过大便不易发觉自己胖了，但尺码过小便把胖肉挤出，使身材更难看。

(3)很多女性为了追求美感，每天均会穿高跟鞋，这会令走路时重心向外，不但对骨骼不好，且令身材变形，很易使拇指外翻及有鸡眼等问题出现。

(4)很多人都有跷脚坐或将脚交坐的习惯，长期跷脚坐会对体型有不良影响产生，因很易导致盆骨弯曲，肌肉附着不正确的位置，身材亦会变得相当难看。

(5)最佳的睡姿是躺仰睡，让身心同时放松自然入睡，能有较良好的睡眠。侧睡时若姿势不正确，对脊椎及内脏均有不良影响，而趴着睡则会对心脏造成压力。

(6)沐浴可促进新陈代谢及身心放松，浸浴尤其见效，全身浸于热水中，效果与一般沐浴无可比拟，若有时间，可悠闲地浸浴，舒解所有压力。

(7)每晚入睡后，是人体各种荷尔蒙分泌最旺盛时，若于这时熬夜或吃夜宵，不但对内分泌造成失调，对身材及肌肤同样造成伤害。

女性拥有美好的体态，能给人一种美感，提升个人魅力，让人觉得你是一个能管理好自己身体，对自己要求很高的人。这样内外兼修的人，给人一种值得信赖的感觉，对职业发展很有帮助。

7

举止要文雅，言行要有度

从一个人的行为举止能看出一个人的人生经历，能判断出一个人的气质类型。气质的女人不仅仅注重自己的内在美，更注重自己外在美。女人的举止之美体现了其优雅的气质修养，是魅力之源。作为一个现代化女性，不可避免地会参加很多社交活动，这时候不仅需要得体的服饰和精致的妆容，还需要在举手投足间表现出优雅，在言语交谈中表现出涵养。在社交场合，女性的言行举止是传递信息的符号，也是表情达意的一种方式，更是辨别雅俗的重要尺度之一。这就要求我们应该从日常行为方面锻炼自己，做一个举止端庄、言行有度、优雅得体的女人。

职业女性想要给人内外皆美的印象，单凭拥有良好完美的仪表是不够的。想要向他人展示优雅得体的内涵，还要注意自己的形体礼仪，务必做到举手投足都能流露出优雅的姿态，给他人留下良好的印象。

(1)站姿。站立是人体最基本的姿势，能体现出一种静态的美。优美且文雅的站姿，是不同质感动态美的起点和基础。也许你认为弯腰驼背、左右摇晃的站立姿势可以让你更舒服一些，但是如果你自己能够看到你的姿势，相信你一定会改变你的看法。那样的站姿会让你整个人看上去无精打采，给人一种懒散、轻浮的感觉。

(2)走姿。职业女性要保持步履轻盈，既端庄文雅，又显示出温柔之美。无论你是一个多么要强的女人，你的工作有多繁忙，如果你走起路来总是大步流星，肯定会让你看起来不像是一个优雅的女人。因而，工作场所想要给他人留下完美的印象，就应时刻注意自己的行走姿势，让自己步伐从容一些。工作场所，优美的走姿应该是，保持双臂的自然摆动，既不

故意夹紧双臂，也不毫无顾忌地双臂乱舞。在双臂配合下，身体的重心应随着脚步的不断向前而不断向前。职业女性在行走时，要做到昂首挺胸，收腹直腰，双目平视前方，这样才能给人一种自信和生机。

(3)坐姿。优雅的坐姿会给他人传递自信、友好、热情的信息，同时也会表现出自己良好的修养。优雅的坐姿应该是在站立时，后退能够碰到椅子，再轻轻地落座，双膝并拢，手可以放在双腿上或者身体两边。在一些公开的场合，最好不要跷腿，如果穿的裙子较短则要小心盖住。要避免一些不雅的坐姿：双腿不宜叉开过大，无论是大腿叉开还是小腿叉开，都是极为不雅观的；将双腿直接伸出去，会妨碍到别人，也显得姿势不雅观；将双腿放在桌椅上，这样的举动是很粗鲁的；在他人面前，反反复复地抖动或摇晃自己的腿部，这样会让人心烦意乱；将自己的脚尖指向他人，这也是非常失礼的表现；在他人面前用脚自脱鞋袜，这是非常不文明的；坐着的时候，用手抚摸小腿或腿部，既不卫生也不雅观；将手放在桌下，或者手肘支在桌子上，或夹在两腿间都是不雅的姿势。坐姿体现的是一种静态美，端庄优美的坐姿会给人以文雅、稳重、自然、大方的美感。

女性要想拥有优美的举止，就要在日常的待人接物中养成好习惯，要注意抬头挺胸，以及肩部、臀部、手臂等等。例如，手部也是女性传情达意的帮手。良好的手部姿态可使女性显得温柔而妩媚。女性平时可将食指与后面三个手指分开，这会显得手指修长，手部线条柔美。而女性若经常将五个手指并拢，会显得比较中性化。这类女性通常是很自信的白领女性。将十指紧扣，会让人感觉有点紧张和拘谨。反之，十指松开一些，会感觉较放松，手指也会显得修长、优雅。

除了以上行为举止，言谈也应该注意。语言是社会交际的工具。人与人之间的交流主要是通过语言。女性在与他人交往中，如果能做到言之有礼，谈吐文雅，则很容易使人增加好感。这就要求我们要用语谦逊，谈吐文雅。说话时尽量多用敬语、谦语，言辞文雅，这样能体现出一个人的文化素养和尊重他人的良好品德。每个人都有自己的个性，都有自己的用语习惯，这不能强求一律。否则，千篇一律反而使人感到索然无味。

丰富多彩的语言具有魅力，有些大话、套话则令人生厌。现在网上交友聊天的语言，多数都有情有义有美感，但确实有些粗话、脏话不堪入目。不要认为不相识就无所顾忌，即使是网上交友，仍然是面对自己的朋友，应该尽量做到一要注意形象；二要声音柔和，语调平稳。说话时，咬字要清晰，音量要适中，以让对方听清楚为度，切忌大声说话，语调要平稳，使听的人感到亲切自然。

行为举止是判断女性是否有气质的最直接的评判标准，它是女性修养的外在体现，优雅的举止、恰当的言语，让一个女性充满无限的美好，让她端庄舒雅，让她亲切可人，让她永不褪色。

第七章

懂职场礼仪，显女性魅力：做得体合度的职业女性

职场礼仪是一种素质的体现，有助于展现个人魅力，让自己脱颖而出。尤其是女性，懂礼仪让你变得举止有礼、言语得当，能更好地与人相处，别人也愿意与你相处，不论对工作还是生活都有极大的促进作用。

1

懂礼仪才能立足职场

古言有:“不知礼,无以立也。”这告诉我们,凡事要讲“礼”。人是社会的人,社会是交往的社会。只要有人与人的交往,就不可缺少礼仪。因为礼仪正是规范人们行为举止和交流沟通的规矩和准则。若是弃礼不用或是不知礼也不守礼,则会“礼不达而上下昏”,世界没有规矩,那社会也就不称其为社会了。可见礼仪是规范社会、促进社会和谐发展的重要规则之一。

礼仪是人际交往中,以约束俗成的方式来表现律己敬人的过程,学习礼仪的出发点是我们对于他人的尊重,在社会生活中,人与人交往的基础即是要互相尊重,而在工作中,同事之间的、上下级之间的沟通,一定要会说话,说好话。态度要真诚,公私要分明,不要用手指人,背后不要议论别人,私下不要抱怨等。如果我们自己不懂礼仪,不守礼仪,毫无礼貌,不懂得尊重别人,别人当然也不会尊重你,更不会看重你,更别说青睐你了。所以,无论何时何地,一个妆容整齐、衣饰得体、谦和恭逊、礼仪周到的女性,都会让人心生好感,乐于亲近。这对于职场女性的成功,无疑是非常有利的。所以,职场女性一定要知礼、懂礼、讲礼、守礼。即使是很简单的礼节,如见面点点头、问个好,也表示出对对方的尊重。如果以得体的言语、举止和发自内心的微笑对待领导、同事,就会很快赢得别人的好感,容易得到对方的信任,对工作是有利的。

注重文明礼仪是每个人立足社会的基本前提，是人们成就事业，获得美好人生的重要条件。良好的礼仪可以赢得陌生人的友善，赢得朋友的关心，赢得同事的尊重。礼仪是一个人综合素质的体现，是一个人内在素质与仪表特点的和谐之美、综合之美、完善之美的最佳呈现，更代表一种深刻的道德指引。我国历史悠久，素来享有“礼仪之邦”的美誉，可见礼仪对于人们有着多么重要的作用，礼仪是普通人修身养性、持家立业的基础，同时也是一个领导者治理好国家、管理好公司或企业的基础。在职场中，职场礼仪的重要性从某种意义上讲，比智慧和学识都重要。

某国际贸易有限公司项目主管说过这样一个职场小故事：

我的一个助理三个月试用期后，我们基本对她还是挺满意的。之后正逢一个挺大的项目紧跟而来，公司里人手有点紧，于是我想不如让她锻炼锻炼，见见大客户，也好上手快一点儿。虽然这一举动有点冒险，但通过几个月的观察考核，我当时还是相信她可以做好的。没想到，一顿饭的工夫，我就发现这次让这位助理跟我真是冒失之举。平时看她挺注意个人形象的，每天来上班干干净净，做事情稳稳妥妥，遇到紧急关头也没有气急败坏，可是关键时刻却失了足。那天去见重要客户，去了一家很高级的餐厅，其实是我们经常去的地方，但是对于她来说可能是第一次经历这样高级的场所。大家点的都是牛排之类的西餐，我猜想她大概没接受过什么正规的西餐礼仪的培训，饭桌上使用刀叉很笨拙之外，吃相也越来越难看。本身和客户吃饭，主要目的是联络感情、拉拢生意，又不是真的让你去大饱口福的。后来，不知道是不是她吃相的关系，客户给我们下的订单少了将近30%。尽管不能一棒子打死说是她的原因，但是这样的手下带出去真的叫人在一旁擦汗啊。无论如何，在进入社会之前，职场礼仪还是多多少少应该了解一下的。

现代社会注重形象、讲究礼仪，形象专业，是外秀，礼节得体，是内慧，仪礼需并重，所谓“人无礼则不立，事无礼则不成”。对现代人而言，拥有丰富的礼仪知识，能够根据不同的场合应用不同的交际技巧，往往会令事业如鱼得水。反之，则会给自己带来不好的影响，甚至会丢掉工作。

职场礼仪不仅可以展现一个人的教养、风度、气质和魅力，还能体现一个人对社会的认知水平，个人的学识、修养和价值。礼仪不仅体现在日常生活中，还体现在工作中，通过职场礼仪在复杂的人际关系中保持冷静，按照礼仪的规范来约束自己，通过职场礼仪中的一些细节，会得到领导更多的信任，使人际间的感情得以沟通，与同事间建立起相互尊重、相互信任、友好合作的关系，从而使自己的事业进一步发展。另外，职场礼仪不仅体现于个人的形象，它还体现在企业形象上，一个企业重视员工的职业礼仪，那么就会使企业呈现出不一样的素质水平和企业管理理念。职场礼仪是企业对客户人性化的服务和关爱的重要体现，服务和形象的竞争力是企业走向世界的国际通行证是企业生存发展的重要条件，而服务和形象需要人来体现，所以对于企业来说，学习职场礼仪、应用职场礼仪是企业发展的重要途径。

点赞正能量

“不知礼，无以立也”告诉我们礼仪的重要性，因此，我们要重视礼仪，它是一个人素质的体现，规范的礼仪不仅是在古代，在当代社会同样重要。因为礼仪，我们学会了文明；因为礼仪，我们懂得了尊重；只有懂礼仪、守礼仪，我们才能立足职场。

2

日常礼仪，走好职场第一步

职场礼仪是指人们在职业场所中应当遵循的一系列礼仪规范。学会这些礼仪规范，将使一个人的职业形象大为提高。而每一个职场人都要有树立、塑造并维护自我职业形象的意识。日常礼仪是职场礼仪的一部分，也是最基本的行为准则。

在职场人际交往中，谈话是必不可少的，在交谈的过程中多使用礼貌用语是博得他人好感与体谅的最简单易行的做法，是尊重他人的具体体现，是友好关系的敲门砖。多说客气话不仅表示了对别人的尊重，而且表明自己有修养，所以多用礼貌用语，不仅有利于缓和双方气氛，而且有益于交际。

怎样进行谈话会对你的职场交际有帮助呢？一是要做到说话有分寸，要明确交际的目的，要选择好交际的体式，同时，要注意如何用言辞行动去恰当表现。二是要有礼节，五个最常见的礼节语言的惯用形式，它表达了人们交际中的问候、致谢、致歉、告别、回敬这五种礼貌。问候是“您好”；告别是“再见”；致谢是“谢谢”；致歉是“对不起”；回敬是对致谢、致歉的回答，如“没关系”“不要紧”“不碍事”之类。三是有教养，内容富于学识、词语雅致，是言语有教养的表现。尊重和谅解别人，是有教养的人的重要表现。尊重别人符合道德和法规的私生活、衣着、摆设、爱好，在别人的确有了缺点时委婉而善意地指出，这些都是尊重别人的体现。谅解别人就是即使别人犯了错，对你造成了一定的伤害，你也能宽容谅解他。四是要有学识，在文明社会里，必然十分重视知识、十分尊重人才。富有学识的人将会受到社会和他人的敬重，而无知无识、不学无术的浅薄的人将会受到社会和他人的鄙视。同时，我们在交谈中要注意避谈隐私问题，这是有礼貌的重要体现；言语不可粗鄙、浅薄，言语粗鄙是最无礼貌的表现，浅薄让人觉得没教养，还有说话要注意忌讳等，这些都是需要我们注意的。

职场见面要打招呼，正确的称谓也是我们要了解的。加强这方面的修养，就会让我们不失礼，给人好印象，有利于我们职场发展。

露露是某公司的一个职员，去年刚刚毕业．说起职场称呼，她满脸兴奋："我应聘时就是因为一句称呼转危为安的。"去年应聘时，由于她在考官面前太过紧张，有些发挥失常，就在她从考官眼神中看出拒绝的意思而心灰意冷时，一位中年男士走进办公室和考官耳语了几句。在他离开时，她听到人事主管小声说了句"经理慢走"。那位男士离开时从露露身边经过，给了她一个善意鼓励的眼神，露露说自己当时也不知道哪儿来的灵光一闪，忙起身，毕恭毕敬地对他说："经理您好，您慢走。"她看到经理眼中有些许诧异，然后他笑着对自己点了点头。等她再坐下时，她从人事主管的眼中看到了笑意。后来她顺利地得到了这份工作。人事主管后来告诉她，本来根据她那天的表现，是打算刷掉她的。但就是因为她对经理那句礼貌的称呼，让人事部门觉得她对行政工作还是能够胜任的，所以对她的印象有所改观，给了她这份工作。

从案例可见，礼貌的称谓，反映出一个人的教养和对对方的尊重程度，甚至还体现着双方关系发展所到达的程度。称谓使用的得当与否，不仅表现了你的礼仪修养，也决定了你的工作是否顺利。

见面握手是基本的礼仪，不论是职场还是交际场，握手礼都是非常普通也很普遍的一种见面礼节。握手作为一种礼节，其顺序根据握手人的社会地位、年龄、性别和身份来确定，社会地位高者、年长者、女士、主人享

有握手的主动权。朋友、平辈见面，先伸出手者则表现出更有礼貌。当有人为你介绍新同事或客户时，你一定会伸出手与他相握表示友好，而通过握手的动作你亦可向对方传达出或热情，或尊敬，或欣赏等信息。所以握手也是大有学问的，不容我们忽视。

握手作为见面时的一种礼节，有约定俗成的规矩和要求。戴手套的男士握手前应脱下手套，放好或拿在左手上，再和人握手。多人同时握手时，注意不要交叉握手，不可左、右手同时与两个人相握，也不宜隔着中间的人握手。男女握手时，女士只需要轻轻地伸出手掌；男士稍稍握一下女士的手，不能握得太紧，更不要握得太久。握手时，应友善地看着对方，微笑致意，切不可东张西望，漫不经心。在握手时，双方握手的先后顺序很有讲究，一般情况下，讲究的是“尊者居前”，即通常应由握手双方之中身份较高者首先伸出手来，反之则是失礼的。宾主之间的握手则较为特殊，正确的做法是：客人抵达时，应由主人首先伸手，以示欢迎之意；客人告辞时，则应由客人首先伸手，以示主人可就此留步。在正规场合，当一个人有必要与多人一一握手时，既可以由“尊”而“卑”地依次进行，也可以由近而远地逐渐进行。

职场交往中，见面交换名片非常普遍。名片像一个人简单的履历表，递送名片的同时，也是在告诉对方自己的姓名、职务、地址联络方式。由此可知，名片是每个人最重要的书面介绍材料，于名片空白处或背面写下个人资料，以帮助相互了解。精美的名片使人印象深刻，也能体现你的个人风格。交换名片时应有正确的仪态，它体现了一个人的修养和素质，一定要保持恭敬严谨的态度。

(1)递交名片。一是观察意愿。除非自己想主动与人结识，否则名片务必要在交往双方均有想结识对方并欲建立联系的意愿的前提下发送。这种愿望往往会通过“幸会”“认识你很高兴”等一类谦语以及表情、体姿等非语言符号体现出来。二是把握时机。发送名片要掌握适宜时机，只有在确有必要时发送名片，才会令名片发挥功效。发送名片一般应选择初识之际或分别之时，不宜过早或过迟。不要在用餐、戏剧、跳舞之时发送名片,也不要在大庭广众之下向多位陌生人发送名片。三是讲究顺序。最佳方法是由近而远、按顺时针或逆时针方向依次发送。四是先打招呼。递上名片前,应当先向接受名片者打个招呼,令对方有所准备。既可先做一下自我介绍,也可以说声“对不起,请稍候”“可否交换一下名片”之类的提示语。五是表现谦恭。对于递交名片这一过程,应当表现得郑重其事。要起身站立主动走向对方,面含微笑,上体前倾15度左右,以双手或右手持握名片,举至胸前,并将名片正面面对对方,同时说声“请多多指教”“欢迎前来拜访”等礼节性用语。切勿以左手持握名片。递交名片的整个过程应当谦逊有礼,郑重大方。

(2)接受名片。一是接受他人名片时,不论有多忙,都要暂停手中一切事情,并起身站立相迎,面含微笑,双手接过名片。至少也要用右手,而不得使用左手。二是认真阅读,接过名片后,先向对方致谢,然后至少要用一分钟时间将其从头至尾默读一遍,遇有显示对方荣耀的职务、头衔不妨轻读出声,以示尊重和敬佩。若对方名片上的内容有所不明,可当场请教对方。三是精心存放。接到他人名片后,切勿将其随意乱丢乱放、乱揉乱折,而应将其谨慎地置于名片夹、公文包、办公桌或上衣口袋之内,且应与本人名片区别放置。四是有来有往。接受了他人的名片后,一般应当即刻回给对方自己的名片。没有名片,或者忘了带名片时,应向对方做出合理解释并致以歉意。

职场日常礼仪还有很多,都需要我们了解掌握,对我们尤为重要,因为它是最基本的行为准则。如果我们连最基本的礼节都做不好,就不可能走好职场第一步,职场道路自然不会顺畅。

点赞正能量

日常礼仪是最基本的行为准则,是走好职场第一步的关键,如果连基本的礼貌也没有,就显得你这个人一无是处。我们要做就做一个得体合度的职业女性,展示自己的礼仪魅力,赢得成功。

3

言之有“礼”，谈吐高雅

谈吐自如是一种风度，女人的内涵需要通过谈吐才能体现出来。女人的谈吐除了讲话的内容外，讲话的姿态、表情、语速、声调等都体现一种艺术。对于职场女性来说，虽然我们不一定要伶牙俐齿、妙语连珠，但必须具有良好的逻辑思维能力、清晰的语言表达能力和文明优雅的语言风格，从而在谈话中保持自己应有的风度，做到言之有“礼”，谈吐高雅，充分展现自己的礼仪素养。

现在女性都十分重视增加自己的吸引力，但是大多把工夫花在了服装和美容上，却较少有人认识到，得体优美的谈吐，更能增添女性的魅力。因为服装与美容毕竟只能增加一点儿外在的美，而优美的语言，则完全是女性高雅脱俗的内在的精神气质与修养的外射，更能深入打动人的心灵，从而受大多数人的欢迎，因为与她们交谈，心情会非常愉悦。她们用优雅的语言娓娓道来，就像美妙的音乐一样，飘进耳朵，令人心驰神往。无论在什么地方，优雅的谈吐都体现出女人高雅脱俗的气质和良好的修养，展现出女人的魅力。优雅的声音是一种能量，好像磁场一样，不动声色地吸引着别人。只会化妆打扮，不会修饰谈吐的女人，她的魅力会减分。

那么我们怎么才能言之有“礼”谈吐高雅呢？

(1)声音温柔。说话本身是用来向人传递思想感情的，所以，说话时神态要专注、表情要亲切自然，声音要温柔，不紧不慢。诚恳的态度和亲切的表达方式是非常重要的。否则，只会显得虚伪，优雅也就没有了意义。声音温柔，就是不要粗声大气地说话，这样和美丽是沾不上边的，更不用说优雅了。温柔地说话，娓娓道来，像高山流水一样流畅、一样和谐；

像百灵鸟歌唱一样悦耳、一样动听；犹如一阵春风飘进了心里，犹如一杯美酒沁入心脾，令人陶醉。说话的语调也要有所变化，要抑扬顿挫，才能让说的比唱的好听。吐字要清晰、标准，让人听着毫不费力。

(2)言语得体。言语得体还指说话的语调、语速和内容都要注意所处的场合，如果在公众场合高谈阔论，就不是令人陶醉，而是令人侧目了。女性不管在什么场合也绝对不要说粗话，职场女性更要注意。一句粗话会让一个穿着端庄、容貌秀丽的女士形象顷刻之间大打折扣，让人觉得俗不可耐，没有一丁点儿的美感。所以，职场女性一定要远离不文明礼貌的话语。另外，言谈之中也可以适当地使用一些身体语言，但切忌过多。多余的动作会适得其反，显得矫揉造作。

(3)要会说话。会说话的女性能时时送出赞美，让人听了如沐春风；会说话的女性能让批评也变得悦耳；会说话的女性懂得什么时候该温柔婉转，什么时候该仗义执言；会说话的女性对不同的人，会采取不同的语言策略；会说话的女性能适时转变话题，以免气氛冷场；会说话的女性不仅会说，还善于倾听，她们不会随意打断别人的谈话，也不会夸张，而是谦虚礼让；会说话的女人有着良好的修养，所以，这样的女性不论是在职场还是在社交场所都是非常受欢迎的。

(4)学会节制。交谈时要你来我往，互相交流，所以要学会节制，不能滔滔不绝令人生厌。因为说话可能表现出你的开朗、诚恳，也可能表现出你缺乏自制力、虚伪。女性的沉默也是一种交际语言

语言是交际的工具，人们通过语言表达自己的意愿、抒发自己的思想感情；语言是一个媒介，它反映了一个人的道德情操和文化素养。所以，在言谈之中，言之有礼、谈吐高雅的人往往给你留下美好的印象；如果语言粗俗不堪，毫无忌讳，甚至恶语伤人，这样的人只会让人反感，使人退避三舍。而谈吐不凡的优雅，也许就在不经意中帮你在事业上一蹴而就，赢得成功。所以要谨记，诚恳的态度、谦逊的语言、优雅的举止，在任何场合，都是一张备受欢迎的通行证。

谈吐高雅能体现女性良好的素质，同时给人一种美好的感觉，增添女性魅力，从而受人欢迎。受人欢迎的人职场道路会越走越顺，这是我们所希望的，也是我们要努力实现的。

4

交际礼仪，沟通交流以“礼”为先

我国素有“礼仪之邦”的美称，圣人有言“不知礼，无以立也”，可见礼的重要性。在历史的发展过程中，中华民族形成了一整套完善的礼仪，人们常常把礼仪看作一个民族精神面貌和凝聚力的体现，把文明礼貌程度作为衡量一个国家和民族是否发达的标志之一；对个人而言，“礼”则是衡量道德水准和有无教养的尺度。一个人以其高雅的仪表风度、完善的语言艺术、良好的个人形象，展示自己的气质修养，赢得尊重，将是自己生活和事业成功的基础。礼仪有很多种，交际礼仪作为一种文化，是人们在社会生活中处理人际关系，用来对他人表达友谊和好感的符号。讲礼仪可以使一个人变得有道德，讲礼仪可以塑造一个理想的个人形象，讲礼仪可以使你的事业成功，讲礼仪可以使得社会更加安定。礼仪是个人乃至一个民族素质的重要组成。交际礼仪是在社会交往中使用频率较高的日常礼节。一个人生活在社会上，要想让别人尊重自己，首先要学会尊重别人。掌握规范的交际礼仪，能为交往创造出和谐融洽的气氛，能够改善人际关系。可见交际礼仪的重要性，一是有助于提高人们的自身修养；二是有助于美化自身、美化生活；三是有助于促进人们的社会交往，改善人们的人际关系;四是有助于净化社会风气。

在当今社会,人际关系成为人们的共同话题。在与人交往的过程中,你的一言一行、一举一动,都会成为交往对象所关注的焦点。所以,在与人交往的过程中,要以“礼”为先,注意自己的言行举止。对职业女性来说,懂得交际礼仪很重要,因为身在职场,常常会代表公司或者个人参加一些活动、出席一些场合,如果不懂交际礼仪,势必带来一些不好的影响,这是我们谁都不愿看到的。

(1)出席晚会礼仪。

着装礼仪:观众要根据出席晚会的具体形式来选择着装,或庄重严肃,或活泼轻松。观看戏剧、舞蹈、音乐或综合性晚会适宜穿正装、连衣裙。衣着总体要求干净整洁,绝对不能穿背心、拖鞋、短裤,不能赤膊或者赤脚。

①入场礼仪。在演出开始前一刻钟左右,观众就应进入场所。观众提前入场,一是有时间去会合亲友,领取节目单,存放衣帽,寻找座位,熟悉环境;二是如果迟到,演出一旦开始,再入席,会影响其他观众,也是对演员的不尊重。还有就是真的迟到了,入场脚步一定要轻,尽量不影响到其他人。

②就座礼仪。观众应尊重组织者的安排,持票排队入场,凭票按号入座。在寻找自己的座位时,若有领位员在场,最好请其带路或予以指点。若无领位员,自己最好从左侧向前行进,逐排寻找。千万不要为省时间省事走捷径,从别人座位上踩过或跨过。走向自己座位的路上,也要有礼貌地向已落座的观众说对不起,尽量不要与其他观众有身体接触。如果自己座位上已有别人,切不可争执,应主动出示自己的门票,必要时请工作人员处理。落座时要优雅,不能弄出咯吱的响声,不能东倒西歪、前仰后合,切忌脚乱伸、跷二郎腿。一旦落座不能随意进出,轻易不可与其他人调换座位。

③观看礼仪。观看演出时注意不能影响演员,也不能影响其他观众。要全神贯注,专心致志,不要交头接耳,切不可大声评论,最好也不要与同

伴窃窃私语，忌粗俗，语言要文明，尽量不要使用通信联络设备，进入会场后，手机最好关机，至少一定要静音或振动。不进食吸烟，绝对不可在演出现场大吃大喝，也不要吃带壳的食物，或者是易拉罐类的饮料，这些都可能成为噪声之源、垃圾之源，观众也要禁止吸烟，避免意外。不要心不在焉，看报纸、看杂志、听音乐、做自己的事这些都是不礼貌的行为。不要随便走动，去卫生间一定要低头弯腰，尽量不要打扰别人。不影响他人，不要戴帽子，也不能开闪光灯、开快门拍照。

④鼓掌礼仪。晚会过程中一定要支持演员，鼓掌是最重要的表现之一。演员登台或一段表演结束又或者演完退场时，观众要给予热烈友善的掌声，以表示欢迎或者感谢。演出结束后，观众全体起立，报以经久不息的掌声是对演员最大的鼓励。假如节目不好或者是不喜欢的演员，切忌喝倒彩，吹口哨，这是极其不礼貌的行为。

⑤最后是退场。在观看演出时，通常不允许观众提前退场。只有当演出结束后，观众才可以有秩序地退场，这样避免造成混乱。

(2)参加舞会礼仪。

舞会是现代社会交往的重要形式之一，是高雅的社交娱乐活动，可以结识朋友，加深友谊，陶冶性情。舞会，无疑也是展示魅力的场所，这就要求我们要掌握一定的舞会礼仪，展示一个良好的个人形象。

①着装礼仪。在正常情况下，舞会的着装必须干净、整齐、美观、大方。有条件的话，可以穿格调高雅的小礼服、时装、民族服装。若举办者对此有特殊要求的话，则需认真遵循。对于女性来说，跳舞时，女士需要旋转，因此裙装是最佳选择，但是要考虑有的动作幅度比较大，所以裙长最好在膝盖左右，年轻的女士喜欢穿超短裙显得性感时尚，但是要注意做好防护工作，避免走光。穿的服装过露、过透、过短、过小、过紧，动不动就有可能令自己“春光外泄”，既不庄重，也不合适。在舞会上，通常不允许戴帽子、墨镜，或者穿拖鞋、凉鞋、旅游鞋。在较为正式的民间舞会上，一般不允许穿外套、军装、警服、工作服。参加舞会时，仪容是每个女性时时关心的，沐浴，更衣、饰发、熏香若是有条件大家都应去做。特别需要强调

的有两点：一是务必注意个人口腔卫生，认真清除口臭，并禁食气味刺激的食物，尽可能做到口气清新；二是外伤患者、感冒患者以及其他传染病患者，应自觉地尽量避免参加舞会，否则很有可能将疾病传染给别人，既影响了他人健康又影响了大家的情绪。

②跳舞礼仪。跳舞时，要注意舞姿高雅优美。在舞池中，要潇洒、舒展、自然，尽量呈现自己优美的舞姿和良好的素养给人留下美好的印象。因此，跳舞时应当注意礼仪规范。跳舞时不要晃动肩膀，那样，会让人觉得轻佻，不庄重；跳舞时男女姿势、动作要相互配合，领会彼此意图。通常，男士挽在女士腰上的右手与女士搭在男士右肩上的左手都具有提示作用。右手手心向下，以大拇指的背面接触对方身体。男士左手掌心向上轻轻托握女士右掌，两手不可贴得过近或过远；男士右手轻靠女士腰部左侧正中，不宜超过中部，双方头部不可以贴在一起，不应把头放在对方肩上，身体不应靠得太紧，跳舞中双方之间应保持两个拳头左右的间距；跳舞时，还要兼顾前后左右，留心周围舞友的动作，以防碰撞到人，但不能左顾右盼或低头盯脚，目光应自然，一般双方目光应沿对方肩上方的方向注视，以余光注意周围，双方目光最好不要朝同一方向看。

③拒绝邀舞的礼仪。女士可以拒绝某些男士的邀请，但拒绝也要有礼貌，不要让他有下不了台的感觉。男士说，“可以请你跳个舞吗？”有的女士很直接，“不可以”“不愿意”，更有甚者，拿出随身带的小镜子给男士，意思让人家照照自己。这样都是非常不礼貌的。女士拒绝男士的邀请时有两句专门的礼貌用语，“我已经有人请过了”或“这支曲子我不太熟悉”。男士自然明白你的意思，这样拒绝是比较有礼貌的。需要注意的是，一旦拒绝某位男士的邀请，这支舞曲就不要再接受另一位男士的邀请了，以免造成对前者自尊心的伤害。礼仪讲究的是人与人之间的沟通，所以，当你想邀请别人，或要拒绝别人时，都要察言观色，尽量先弄明白对方的意思，在不伤害对方的情况下，做出礼貌拒绝。

总之，身在职场，出席各种场合，沟通交流一定要以“礼”为先、以“礼”待人，它的作用不可估量，有时候“礼”比智慧都重要。礼仪修养不仅体现

了一个职工自身素质的高低，而且反映了一个公司的整体水平和可信程度。如果每一个员工都能够做到待人接物礼貌适度，知书达理，着装得体，举止文明，彬彬有礼，谈吐高雅，那这家公司就会赢得社会的信赖、理解、支持与尊重。反之，如果职工言语粗鲁，衣冠不整，举止失度，待人接物冷若冰霜或傲慢无礼，就会有损企业形象，就会失去顾客，失去市场，在竞争中处于不利的地位。在现代生活中，人们的相互关系错综复杂，在平静中会突然发生冲突，甚至采取极端行为。礼仪有利于促使冲突各方保持冷静，缓解已经激化的矛盾。如果人们都能够自觉主动地遵守礼仪规范，按照礼仪规范约束自己，那人与人之间的感情沟通就会变得容易，也更容易使双方建立起相互尊重、彼此信任、友好合作的关系，进而有利于各种事业的发展。

在职场中，交际能力也是一个人综合能力的体现，对取得成功有很大的促进作用。所以，我们要重视交际的作用，在交际过程中，做到以礼相待，这样既尊重了别人，自己也得到了信任。

5 商务礼仪，迎来送往举止得体

商务礼仪是指人与人在商务交往中所必须遵守的准则，包括业务拜访、商务洽谈、互赠礼品等等。商务礼仪是在商务活动中相互尊重的重要体现。随着社会经济的发展，各种商务活动日益增多，礼仪也在其中发挥着越来越大的作用。一是可以规范行为，这是礼仪的基本功能。在商务交往中，人们相互影响、相互作用、相互合作，如果不遵循一定的规范，双方就缺乏协作的基础。在众多的商务规范中，礼仪规范可以使人明白应该怎样做，不应该怎样做，哪些可以做，哪些不可以做，有利于规范自我行为，确定自我形象，尊重他人，赢得友谊。二是相互传递信息。通过这种信息可以表达出尊敬、友善、真诚等感情，使别人感到温暖。在商务活动中，恰当的礼仪可以获得对方的好感、信任，进而有助于事业的发展。三是可以增进感情。在商务活动中，随着交往的深入，双方可能都会产生一定的情绪体验。它表现为两种情感状态：一种是感情共鸣，另一种是情感排斥。礼仪容易使双方互相吸引，产生感情共鸣，增进感情，促成良好的人际关系的建立和发展。反之，如果不讲礼仪，粗俗不堪，那么就容易产生感情排斥，造成人际关系紧张，给对方留下不好的印象。四是树立个人及集体的良好形象。一个人讲究礼仪，就会在众人面前树立良好的个人形象，一个讲究礼仪的组织的成员，就会主动为自己的组织树立良好的形象，赢得公众的赞赏。

现代市场竞争除了产品竞争外，更体现在形象竞争上。一个具有良好信誉和形象的公司或企业，更容易获得社会各方的信任和支持，就可在激烈的竞争中处于不败之地。所以，商务人员时刻注重礼仪，既是个人和组织良好素质的体现，也是树立和巩固企业良好形象的需要。商务礼仪的核心代表着一种行为的准则，用来约束我们日常商务活动的方方面面。商务礼仪的核心作用是为了体现人与人之间的相互尊重。这样我们学习商务礼仪就显得更为重要。我们可以用一种简单的方式来概括商务礼仪，它是商务活动中对人的仪容仪表和言谈举止的普遍要求。身在职场，了解和运用良好的商务礼仪是我们工作和生活中必备的素质，尤其是女性，在公司中，往往有很多商务往来的工作，这就需要我们掌握一定的商务礼仪知识，把工作做好，为企业和个人树立良好形象。

迎来送往，是社会交往接待活动中最基本的形式和重要环节，是表达主人情谊、体现礼貌素养的重要方面。尤其是接待，是给客户良好第一印象的最重要工作。给对方留下好的第一印象，就为下一步深入接触打下

了基础。接待客户最重要的是礼数周到，让客户感受到一种自然大方的热情和随和自在的亲切，这样客户就能满意，接待就算成功，工作进展得自然非常顺利。

(1)接站礼仪。

在当今市场中，很多公司的客户都是远道而来，到公司考察、监督的。当这些客户带着要求和目的来到公司之后，公司的相关人员一定要亲自接待，才显得公司重视这个客户，使客户感到受到了尊重。这样才能有利于双方的合作，有利于树立公司良好的企业形象，有利于公司在行业内不断受到认可和发展。对前来访问、洽谈业务、参加会议的外国、外地客人，应首先了解对方到达的车次、航班，安排与客人身份、职务相当的人员前去迎接。若因某种原因，相应身份的主人不能前往，前去迎接的主人应向客人做出礼貌的解释；主人到车站、机场去迎接客人，应提前到达，恭候客人的到来，绝不能迟到让客人久等。客人看到有人来迎接，内心必定感到非常高兴，若迎接来迟，必定会给客人心里留下阴影，事后无论怎样解释，都无法消除这种失职和不守信誉的印象；接到客人后，应首先问候“一路辛苦了”“欢迎您来到我们这个美丽的城市”“欢迎您来到我们公司”等。然后向对方做自我介绍，如果有名片，可送与对方。

迎接客人应提前为客人准备好交通工具，不要等到客人到了才匆匆忙忙准备交通工具，那样会因让客人久等而误事。如果陪客人同乘一辆轿车，要首先为客人打开轿车的右侧后门，并以手掌挡住车篷上沿，提醒客人不要碰头。等客人坐好后，方可关门。最后，接待人员应绕到车尾从左侧后门上车。轿车上的座次有主次尊卑讲究。一般认为，车上最尊贵的位置是后排与司机座位成对角线的座位，即后排右座。其余座位的主次尊卑次序是：后排座、后排中座、前排右座。抵达目的地时，接待人员要先下车，从车尾绕过去为客人打开车门，遮住车篷上框，协助其下车。

我们应提前为客人准备好住宿，帮客人办理好一切手续并将客人领进房间，同时向客人介绍住处的服务、设施，将活动的计划、日程安排交给客人，并把准备好的城市地图或旅游图、名胜古迹等介绍材料送给客人。

将客人送到住地后，主人不要立即离去，应陪客人稍作停留，热情交谈，谈话内容要让客人感到满意，如客人参与活动的背景材料、当地风土人情、有特点的自然景观、特产、物价等。考虑到客人一路旅途劳累，主人不宜久留，应让客人早些休息。分手时将下次联系的时间、地点、方式等告诉客人。

(2)接待礼仪。

客人到来时，我方负责人由于种种原因不能马上接见，要向客人说明等待理由与等待时间，若客人愿意等待，应该向客人提供饮料、杂志，如果可能，应该时常为客人换饮料。接待人员带领客人到达目的地，应该有正确的引导方法和引导姿势：一是在走廊时，接待人员应在客人两三步之前，配合步调，让客人走在内侧；二是在楼梯时，当引导客人上楼时，应该让客人走在前面，接待人员走在后面，若是下楼时，应该由接待人员走在前面，客人在后面，上下楼梯时，接待人员应该注意客人的安全；三是在电梯时，引导客人乘坐电梯时，接待人员先进入电梯，等客人进入后关闭电梯门，到达时，接待人员按“开”的钮，让客人先走出电梯；四是在客厅里，当客人走入客厅，接待人员用手指示，请客人坐下，看到客人坐下后，才能行点头礼后离开。客人要找的负责人不在时，要明确告诉对方负责人到何处去了，以及何时回本单位。请客人留下电话、地址，明确是由客人再次来单位，还是我方负责人到对方单位去。

在接待客户时，你首先要做的就是微笑，因为笑是世界的共通语言，就算语言不通，一个微笑就能带给彼此一种会心的感觉。所以，笑是接待人员最好的语言工具，在有些情况下甚至不需要一言一行，只要一个笑容就可以打动客户。访客接待的第一秘诀就是向客户展现你的亲切笑容。当客户走近的时候，接待人员绝对不能面无表情，这样的接待会令客户觉得很不自在。除了笑容，我们要想把来客招呼周到，还应该做到以下几点。

(1)热情真诚。不论来访者身份如何、目的为何，都应热情接待。这不但涉及企业形象问题。还和此次工作能否顺利开展也有很大关系。切

不可让客人坐冷板凳，或以貌取人，言语不周。来访者到来时，接待者一般应起身相迎，对上级、长者、客户来访，应起身上前迎候，主动握手，表示欢迎。对于同事、员工，除第一次见面外，可不起身。如果自己有事暂不能接待来访者，应安排其他人员接待客人，不能冷落了来访者。要为客人让座、倒茶，或是招待一些水果、茶点。如果需要客户等待，先要道歉，并为客人准备一些书报杂志以供阅读，也可以带客人参观一下公司。

(2)善于倾听。接待过程中，要善于倾听客人的谈话，在客人讲话过程中，正视对方，适时地以点头来表示尊重，且一举一动都要表示出在认真听对方陈述，切忌做与交谈无关的动作，如翻看报纸、写东西等，以免让客人有被怠慢的感觉。要认真倾听来访者的话，重要的是要做好记录。如果来访者提出意见和观点，一般不要轻率地当场表态，应思考后再作答复。对一时不能作答的，要约定一个时间再联系。对自己职责范围内的事情，能够马上答复的或立即可办理的，应当场答复，迅速办理，不要让来访者做无谓的等待，或再次来访。

(3)尊重与沟通。与客户交谈过程中，不要随意打断或驳斥对方，也不要轻易许诺。不同意对方的观点时要克制情绪，委婉地表达自己的意见。意见一致时也不要喜形于色。同时，能马上答复或解决的事不要故意拖延时间，暂时不能解决的，应告诉对方一个解决方案，约定时间再联系。如果交谈中出现某些使自己为难的场面，可以直截了当地拒绝要求，也可以含蓄地暗示自己无法做到，请求对方理解。但要有正确的方式和态度，尽量不要让对方误认为是瞧不起他或有能力却不愿帮忙。如果想结束会见而对方又未察觉，可以婉言告之，如婉言提出借口，可以边起身边说“对不起，我要参加一个会，今天先谈到这儿，好吗”等，也可用起身的体态语言告诉对方就此结束谈话。“对不起，我还有个十分重要的会议等着。”也可以用身体语言提示对方，如不时地抬腕看表等。

(4)热情款待。若是客人来时正好是吃饭时间，应当热情地留客人吃饭。如果需要留宿，也要为客人考虑周详。不能让客人觉得无依无靠，而应当让客人感觉到宾至如归，感受到你的热情和真诚，从而也感受到公司的热情。客人离开时,近的可以提出用车送客户回家,远的则要派专人把客户送到车站、机场等地。如果赶上天气不好,还要为客户准备好雨具等。告别时,要和客户预约下次见面的时间,或者表示对客户下次来访的期待。最后祝客户一路顺风。

在商务交往过程中,相互拜访是很平常的事,如果懂得商务拜访礼仪,无疑会为拜访活动增添色彩。拜访礼仪不仅关系到你个人的形象,也影响到工作沟通是否顺利,关系到被拜访的人对你所在单位的印象和评价。所以一定要做到礼貌周到,礼节周全,这样才能让自己顺利达到拜访的目的。

(1)事先预约,不做不速之客。拜访务必选好时机,事先约定,这是进行拜访活动的首要原则。一般而言,当决定要去拜访时,应写信或打电话取得联系,约定宾主双方都认为比较合适的会面地点和时间,并把访问的意图告诉对方。预约的语言、口气应该是友好、请求、商量式的,而不能是强求命令式的。在对外交往中,未曾约定的拜会,属失礼之举,是不受欢迎的。因事急或事先并无约定,但又必须前往时,则应尽量避免在深夜打搅对方;如万不得已非得在休息时间约见对方,则应见到主人后立即致歉,说"对不起,打搅了",并说明打搅的原因。

(2)如期而至,要做到守时。守时是一种个人素质,是一个人拥有良好道德品质、珍惜时间、珍惜生命的表现。在拜访客户的时候守时即是一种表示信用的礼仪,也是我们遵守公共关系礼节的首要表现。所以拜访时切不可迟到或是爽约。如果事先与客户约定好了见面时间,一定要提前三分钟到达,这样正好合适。如果整点到达,而客户已经在等你了,那你也算失礼。若临时遇到了紧急的事情,或者遇到了交通阻塞等不可避免的情况,要立刻通知客户,以免对方对你的态度产生怀疑。到达后要向接待人员说明情况,同时递上自己的名片,以便接待人员安排会见。如果拜访对象因故不能立刻接见你,应当在接待人员安排的地方安静等待,不要打扰其他人的工作。

(3)衣冠整洁,注意形象。为了对主人表示敬重之意,拜访做客要仪

表端庄，衣着整洁。对于女性来说，妆容和形象对于拜访的成功与否相当重要，所以要做好准备。要选择合适的衣服和鞋子，不能穿着随便。女士出行时要注意自己的发型不能凌乱，衣饰不能脏乱。如果一个人衣冠不整，鞋袜不正，往往会使人产生反感，不会得到他人的亲近。女性需要化一点点的淡妆，以示对别人的尊重。但是切忌浓妆艳抹，一定要浓淡适宜，不能矫揉造作。要提前准备好拜访客户时使用的材料，不要临出门了才找资料，以免因为时间仓促丢落下重要的文件。

(4)举止文雅，谈吐得体。在会面过程中，不要东张西望，擅自翻阅主人桌上的文件、报刊等，也不要对主人办公室内的装修、陈设品头论足。礼节性问候之后要快速转入正题，不要拐弯抹角、耽误对方时间；也不要一个人口若悬河、滔滔不绝，在把自己的意思表达清楚之后，要仔细倾听对方的意见，不要为自己辩解或者打断对方的谈话，也不要因为没有达到拜访的目的而与对方争执或者勉强、为难对方。

(5)注意时间，适时告辞。这次拜访准备商量什么事，要达到什么目的，事先要有打算，以免拜访时跑“马拉松”，若无要事相商，停留时间不要过长、过晚，以不超过半小时左右为宜。在别人家中无谓地消磨时光是不礼貌的。拜访目的已达到，见主人显得疲乏，或意欲他为或还有其他客人，便应适时告辞。假如主人留客心诚，执意挽留用餐，则饭后停留一会儿再走，不要抹嘴便走。辞行要果断，不要“走了”说过几次，却口动身不移。辞行时要向其他客人道别，并感谢主人的热情款待。出门后应请主人就此留步。有意邀主人回访，可在同主人握别时提出邀请。从对方的公司或家里出来后，切勿在回程的电梯及走廊中窃窃私语，以免被人误解。

在商务交往中涉及的礼仪还有很多，不仅仅上面所说的几点，商务礼仪需要我们认真学习和领悟，这样才能规范我们的行为举止，做到以礼相待，做到“约束自己，尊重他人”，才能使人们更轻松愉快地交往。其中“为他人着想”不仅是商务交往、也是人与人之间正常交往的基本原则。所以说学习并正确地运用商务礼仪既是一个人内在修养和素质的外在表现，又是人际交往中不可小觑的沟通艺术，是一种交际方式或交际方法，是人际交往中约定俗成的示人以尊重、友好的习惯做法。在人际交往中进行相互沟通就一定要掌握商务礼仪的技巧。从个人的角度来看，掌握一定的商务礼仪有助于提高人们的自身修养，从企业的角度来说，掌握一定的商务礼仪不仅可以塑造企业形象，提高顾客满意度和美誉度，还能达到提升企业的经济效益和社会效益的目的。商务礼仪是企业文化、企业精神的重要内容，是企业形象的主要附着点。商务礼仪是构成商务形象的一个更为广泛的概念。而形象就是商务人士的第一张名片。在当今竞争日益激烈的社会中，越来越多的企业对企业自身的形象以及员工的形象越发重视。专业的形象和气质以及在商务场合中的商务礼仪已成为在当今职场取得成功的重要手段，也利于也已成为企业形象的重要表现。

商务交往中，我们一定要注重礼仪，因为这时我们不仅代表个人，还代表企业，掌握一定的商务礼仪，有助于提高个人的素养，也利于塑造企业形象，能使商务交往顺利进行，实现合作共赢。

6 办公室礼仪，营造和谐的办公室氛围

礼仪是人们在社会交往中由于受到历史传统、风俗习惯、宗教信仰、时代潮流等因素的影响而形成的，既为人们所认同，又为人们所遵守，以建立和谐关系为目的的各种符合礼仪精神及要求的行为准则或规范的总和。礼仪是在社会、道德、习俗、宗教等方面能律己、敬人的一种行为规

范，是对他人表现尊重和理解的过程和手段。它始终以某种精神的约束力支配着每个人的行为，所以礼仪是一个人的文明程度和道德修养的外在表现形式。而办公室礼仪不仅可以有效地展现一个人的教养、风度和魅力，还体现出一个人对社会的认知水准、个人学识、修养和价值。办公室礼仪涵盖的范围其实很广，但凡电话、接待、会议、网络、公务、公关、沟通等都有各式各样的礼仪。

办公室礼仪是提高个人素质和单位形象的必要条件；是人立身处世的根本、是人际关系的润滑剂。在知识经济突飞猛进的时代，办公室人员应该更加注重礼仪，使自己在着装、谈吐等各方面有很好的修养。对职业女性来说，大部分时间都待在办公室，因而办公室礼仪非常重要。不仅仅是穿着打扮、言行举止要合乎礼仪，更需要礼貌地对待每一个人，这样才能对内、对外树立一个良好的职业形象。

在办公室必须仪表端庄、整洁，切不可标新立异、奇装异服，更不可华丽妖艳。上班时要着职业装。有些企业要求穿着统一的工装，没有统一工装的，工作场所的服装也应清洁、方便，不追求修饰。女职员上班应着西服套裙，颜色应素雅，做工要精细。不能穿太露、太透、太紧身的衣服或超短裙上班，也不要穿奇装异服、流行时装、休闲装、运动装、牛仔装上班。应穿长统丝袜和深色皮鞋。袜口不能露在裙边外面，袜子不能有破的洞。不能穿露脚趾、脚后跟的鞋和旅游鞋上班。不要在鞋跟上钉铁钉，以免在办公室走动时发出扰人的声响。穿吊带裤时，不要轻易脱掉外衣。吊带与腰带是不可以同时使用的。如要佩戴首饰，也应适当，不可满身珠光宝气。

化妆是一种通过化妆用品来修饰自己，美化自我形象的行为。上班化个职业妆，也是办公室礼仪的一部分办公室化妆应以自然为原则，恰到好处即可。进行化妆一定要遵守一定的礼仪规范，如不要在众人而前化妆，当众化妆有卖弄表演或吸引异性之嫌；不要非议他人的化妆，由于肤色的差异，个人审美的不同，每个人的化妆会有不同，非议他人的化妆会很没有礼貌；不要借用他人的化妆品，使用他人化妆品显得很不卫生；勿使化妆妨碍他人，妆容化得过浓、过重，在公共场合是对人的一种妨碍。

一个人的举止行动可直接表明他的态度。办公室女性要做到彬彬有礼，落落大方，举止稳重、文明，遵守一般的进退礼节，尽量避免各种不礼貌、不文明的习惯。如走路时要身体挺直，速度适中，步子稳重，给人以正派、积极、自信的印象，切不可大步流星、慌里慌张，让人感到毛手毛脚、不可信任。坐姿要端正优美，女职员坐下时要注意双膝并拢，不要趴在桌上，让人感到很懒散。避免使用带有批评或者诽谤色彩的字眼，不要吝啬说谢谢，即使是同事为你传递了一下文件这样的小事情，也要适时表达感谢，做了对别人不利的事应及时道歉。在办公室与同事交谈时应避免使用带有亲昵意味的字句，尤其是异性之间，以免有骚扰之嫌。不要不合时宜地在办公室不分时机地谈论饮食、服装、孩子。进入上司的办公室时必须敲门；无论门是开着还是关着，得到允许后再进入，离开时，应把门拉开，转身，面向上司把门关上，不要一直背对上司，这是很重要的礼仪细节。递交文件应正面朝上，双手呈上，递笔时应把笔尖对自己，笔端向对方，使对方容易接着。

工作在我们一生中占了大部分时间，与同事关系的好坏直接影响我们的工作状态，可见其重要性。我们要想营造一个和谐的办公室环境，除了注意以上所说的个人形象礼仪，给人一个良好形象外，还要懂得如何更好地和同事相处，使同事关系融洽、和谐，正确处理同事之间的关系也是实践办公室礼仪的重要部分，对此，我们该如何做呢？

(1)相互尊重是处理好任何一种人际关系的基础。同事关系也不例外，同事关系不同于亲友关系，它不是以亲情为纽带的社会关系，亲友之间一时的失礼，可以用亲情来弥补，而同事之间的关系是以工作为纽带的，一旦失礼，创伤难以愈合。所以，处理好同事之间的关系，最重要的是尊重对方。

(2)对同事遇以困难表示关心。同事遇到困难，通常首先会选择亲朋帮助，但作为同事，应主动问询。对力所能及的事应尽力帮忙，这样会增进双方之间的感情，使关系更加融洽。比如同事工作忙，中午加班，你就

主动帮他买午餐；同事生病了，下班后打个电话问候一下，诚恳地问他是不是需要帮忙，明天能不能上班等。即使同事不需要你的帮忙，你的心意他也会领受的。

(3)工作难免会出现失误，如果你的失误给同事造成了一定影响，应主动向对方道歉，征得对方的谅解；双方产生误会时应主动向对方说明，不可小肚鸡肠，耿耿于怀。另外，不在背后议论同事的隐私。每个人都有隐私，隐私与个人的名誉密切相关，背后议论他人的隐私，会损害他人的名誉，引起双方关系的紧张甚至恶化，因而是一种不光彩的、有害的行为。尊重同事、关心同事、体谅同事、不议论同事这些都是处理同事关系的基本礼仪，只有遵守了这些礼仪才能更好地维系同事关系，维护办公室和谐。

职业女性在工作时还要注意以下礼仪。

(1)办公室接听电话礼仪。

在工作中，职员对电话礼仪的掌握程度，直接反映了一个公司的形象和声誉。此外，透过电话中的交流，对方还能粗略地判断出你的性格和人品，这也是职业女性传达个人魅力的一种方式。因此在商务接待中，掌握正确、礼貌的接打电话礼仪是非常有必要的。

①即时接听。电话铃声一响起，就应立即放下手头的事去接听。如果接听不及时，就会反映出一个人散漫的态度，而且应该亲自接听电话，轻易不要让他人代劳。在接电话时，我们提倡“铃响不过三”：接听电话以铃响三声之内接听最适宜。不要铃响许久，才姗姗来迟。也不要铃响过一次，就拿起听筒。这样会让打电话的人大吃一惊，如有特殊原因，致使铃响许久后才接，要在和对方通话时向对方说明情况，表示歉意。如果接电话不及时，拿起电话后又不致歉，并且接听的态度也极为不耐烦，这是非常不礼貌的。及时接听对方的电话，会让对方觉得受到了尊重，并对你以及公司产生好的印象。

②态度谦和。拿起话筒后，首先要问好，然后自报家门。不要以“喂”字开头，因为“喂”表示希望先知道对方是谁，等着对方告诉你。而且“喂”

时语气不好，极容易让人反感。所以，接电话时的问候应该是热情而亲切的“您好”。如果对方首先问好，要立即问候对方，不要一声不吭，故弄玄虚。至于自报家门，则是为了告诉对方，这里是哪个单位或是哪个部门或是具体哪一位。对方打电话来之后，一般都会主动自我介绍身份。倘若对方忘记了介绍，应礼貌地进行询问，或者委婉地提醒。只有礼貌地确认对方的基本信息后，才有利于下一步的交谈。

③保持微笑、声音清晰。在接听电话时，一定要面带笑容，还要保持清晰明朗的声音。虽然笑容只能表现在脸上，但在你说话的声音里面是随时都能感觉到的。声音要文雅有礼，以恳切之话语表达。亲切、温情的声音会使对方马上对我们产生良好的印象. 如果绷着脸，声音会变得冷冰冰。

④正确的姿势。接听电话过程中应该始终保持正确的姿势。一般情况下，当人的身体稍微下沉、丹田受到压迫时，容易导致丹田的声音无法发出；大部分人讲话所使用的是胸腔，这样容易口干舌燥，如果运用丹田的声音，不但可以使声音具有磁性，而且不会伤害喉咙。因此，保持端坐的姿势，尤其不要趴在桌面边缘，这样可以使声音自然、流畅和动听。如果接电话的时候，弯着腰，躺在椅子上，对方听你的声音就是懒散的、无精打采的；若坐姿端正，身体挺直，所发出的声音就会亲切悦耳、充满活力。因此打电话时，即使看不见对方，也要当作对方就在眼前，尽可能注意自己的姿势。

⑤分清主次。接听电话的时候，要暂时放下手头的工作，不要和其他人交谈或做其他事情。如果你正在和别人谈话，应示意自己要接电话，一会再说，并在接完电话后向对方道歉。同时也不要让打电话的人感到电话打的不是时候。如果目前的工作非常重要，可在接电话后向来电者说明原因，表示歉意，并再约一个具体时间，到时主动打过去，在通话的开始再次向对方致歉。

⑥规范代接电话。代接电话时，忌远远地大声召唤对方要找的人。不要旁听别人通话，更不要插嘴。不要随意扩散对方托你转达的事情。

如果对方要找的人不在，应先询问对方是否需要代为转达。如对方有此意愿，应照办。最好用笔记下对方要求转达的具体内容，如对方姓名、单位、电话、通话要点等，以免事后忘记，对方讲完后，应再与其验证一遍，避免不必要的遗漏。之后要在第一时间把对方想要传达的内容传达到位。不管什么原因，都不能把对方委托自己代为转达的内容，托他人转告。

(2)接发传真礼仪。

①使用要规范。使用传真设备通信，必须在具体的操作上力求标准而规范。应将本人或本单位所使用的传真机号码，正确无误地告知自己的传真对象。发送传真时，必须按规定操作，并以提高清晰度为要旨。

②牢记传真号码。对主要发送对象的传真号码，必须认真地牢记在心。为了保证万无一失，在有必要向对方发送传真前，最好先向对方通报一下。这样既提醒了对方，又不至于发错传真。

③态度礼貌。使用传真时，必须牢记维护个人和所在单位的形象，必须处处不失礼节。在发送传真时，抬头要写明谁收或是转交给谁，一般不可缺少必要的问候语与致谢语。发送文件、书信、资料时，更是要谨记这一条。最后，收或发送传真时，如需人工呼叫，在接通电话时首先应口齿清晰地说“你好”，然后报出自己的公司或单位的名称以及详细的部门名称等。通话时，以交流语气热诚、口音清晰、语速平缓为佳。电话语言要简洁、得体、准确，音调适中，态度自然。

(3)发送电子邮件礼仪。

电子邮件作为现代办公的重要沟通渠道，已经像我们打电话一样平常和普通了。但并不因为它是高科技就不需要礼仪，它是办公室沟通的渠道，因此邮件礼仪需要我们重视，做到规范有效。

E-mail 正文应简明扼要地说清楚事情，如果具体内容确实很多，正文应只做摘要介绍，然后单独写个文件作为附件进行详细描述。正文行文应通顺，多用简单词汇和短句，准确清晰地表达，不要出现让人晦涩难懂的语句。最好不要让人家拉滚动条才能看完你的邮件，这样容易让人厌烦；论述语气应根据收件人与自己的熟络程度、等级关系而区别对待；根据邮件是对内还是对外性质的不同，选择恰当的语气进行论述，以免引起对方不适。尊重对方，“请，谢谢”之类的语句要经常出现。电子邮件可轻易地转给他人，因此对别人意见的评论必须谨慎而客观；正文多用1234之类的列表，以达到清晰明确的效果。保持你的每个段落简短不冗长，没人有时间仔细看你没分段的长篇大论；一次邮件能交代完整信息最好在一次邮件中把相关信息全部说清楚，说准确；尽可能避免拼写错误和错别字，注意使用拼写检查，这是对别人的尊重，也是自己态度的体现；对于很多带有技术介绍或讨论性质的邮件，单纯以文字形式很难描述清楚。如果配合图表加以阐述，收件人一定会表扬你的体贴。

作为职业女性，一定要重视办公室礼仪，在工作过程中注意言行举止，做到得体合度，上传下达要彬彬有礼，与同事要和谐相处，塑造一个良好的职业形象，成为一个合格的职场丽人。

7 餐饮礼仪，让自己从容优雅应对自如

现代商务活动中，很多事情都在餐桌上谈，在“吃”中解决问题，因此，需要我们掌握一定的餐饮礼仪，这将有助于体现我们的教养，给人留下良好的印象，从而顺利地在餐桌上解决问题。对于职业女性来说更是如此，如果在餐桌上表现失态，形象再好也显得没有教养，工作很难顺利进行。

随着经济的发展，对外合作的增多，掌握或者了解一定的西餐礼仪对我们来说很有必要。西餐又分为法式、英式和国际式等，其用餐的文化习

俗各有不同，但基本礼仪要求还是一致的。我们知道，西餐餐具很多，吃每一样东西要用特定的餐具，这就要求我们要知道怎样正确地使用。

(1)餐巾布。西餐餐巾一般用布，餐巾布方正平整，色彩素雅。经常放在膝上，在特别注重礼节的场合也可以将其放在胸前，平时的轻松场合还可以放在桌上，其中一个餐巾角正对胸前，并用碗碟压住。餐巾布可以用来擦嘴或擦手，要以对角线叠成三角形状，或平行叠成长方形状，污渍应全部擦在里面，外表看上去一直是整洁的。离开席位时，即使是暂时离开，也应该取下餐巾布随意叠成方块或三角形放在盘侧或桌角，最好放在自己的座位上。

(2)刀。刀是用来切割食物的，不要用刀挑起食物往嘴里送。切记要右手拿刀。如果用餐时，有三种不同规格的刀同时出现，一般正确的用法是：带小锯齿的那一把用来切肉制食品；中等大小的用来将大片的蔬菜切成小片；而那种小巧的，刀尖是圆头的、顶部有些上翘的小刀，则是用来切开小面包，然后用它挑些果酱、奶油涂在面包上面。

(3)叉。要左手拿叉，叉起食物往嘴里送时动作要轻。叉起适量食物一次性放入口中。用叉子叉起食物入嘴时，牙齿只碰到食物，不要咬叉，也不要让刀叉在齿上或盘中发出声响。

(4)勺子。在正式场合下，勺有多种，小的是用于咖啡和甜点的；扁平的用于涂黄油和分食蛋糕；比较大的用来喝汤或盛碎小食物；最大的是公用分食汤的，常见于自助餐。

餐具的摆放是根据上菜先后顺序从外到内摆放。有的菜用过后，会撤掉一部分刀叉。刀叉放的方向和位置都有讲究。刀叉放在垫盘上呈八字形，刀口朝内，叉尖向下就表示你还要继续用餐；刀叉平行摆放在垫盘上刀口向外，叉尖向上则表示你不要用餐。汤勺横放在汤盘内，匙心向上，也表示用汤餐具可以拿走。记住，任何时候，都不可将刀叉的一端放在盘上，另一端放在桌上。

用餐时，上臂和背部要靠到椅背，腹部和桌子保持约一个拳头的距离，两脚交叉的坐姿最好避免。记得要抬头挺胸吃，在把面前的食物送进口中时，要以食物就口，而非弯下腰以口去就食物。每次送入口中的食物不宜过多，在咀嚼时不要说话，更不可主动与人谈话。要做到举止得体，进餐有“礼”。

吃肉时从左边开始切，以叉子从左侧将肉叉住，再用刀沿着叉子的右侧将肉切开，如切下的肉无法一口吃下，可直接用刀子再切小一些，切开刚好一口大小的肉，然后直接以叉子送入口中。重点在于利用刀压住肉时的力度。用力点是在将刀伸出去的时候，而不是将刀拉回时。不可一开始就将肉全部切成一块一块的，否则好吃的肉汁就会全部流出来了。点缀的蔬菜也要全部吃完，蔬菜不只是为了装饰，同时也是基于营养均衡的考虑而添加的。点用牛排时，首先服务生会询问烧烤程度，可依你所喜欢的料理方式供应。点排餐时，会附带一杯调味酱。在正式的场合中，调味酱应是自行取用，而非麻烦服务生服务。调味酱的量约以两汤匙为最适量。

吃鱼等带刺或骨头的菜肴时不要直接往外吐，可用餐巾捂嘴轻轻吐在叉上放入盘内。吃剩的鸡、鱼骨头和渣子放在自己盘子的外缘，不要放在桌上，更不能丢在地上。如盘内剩余少量菜肴时，不要用叉子刮盘底，更不要用手指相助食用，应以小块面包或叉子相助食用。吃面条时要用叉子先将面条卷起，然后送入口中。鱼肉一般都很容易碎，因此餐厅常不备餐刀而备专用的汤匙。这种汤匙比一般喝汤时用的稍大，不但可切分菜肴，还能将调味汁一起舀起来吃。若要吃其他混合的青菜类食物，还是使用叉子为宜。

喝酒时用三根手指轻轻握住酒杯的杯脚，为避免手的温度使酒温增高，应用大拇指、中指、食指握住杯脚，小指放在杯子的底台固定。在喝的时候，绝对不能够用吸管吸着喝，而是倾斜酒杯，像是将酒放在舌头上抿着喝。轻轻摇动酒杯让酒与空气接触以增加酒味的醇香，不要猛烈摇晃杯子。此外，一饮而尽或边喝边透过酒杯看人，都是失礼的行为。不要用手指擦杯沿上的口红印，用面巾纸擦较好。当然，喝汤也不能用吸管喝。应先用汤匙由后往前将汤舀起，汤匙的底部放在下唇的位置将汤送入口

中。汤匙与嘴部呈45度角较好。身体的上半部略微前倾。碗中的汤剩下不多时，可用手指将碗略微抬高。如果汤用有握环的碗装，可直接拿住握环端起来喝。

吃面包的时候，要先用两手撕成小块，再用左手拿来吃。吃硬面包时，用手撕不但费力而且面包屑会掉满地，此时可用刀先切成两半，再用手撕成块来吃。避免像用锯子似的割面包，应先把刀刺入另一半。切时可用手将面包固定，避免发出声响。面包一般掰成小块送入口中，不要拿着整块面包去咬。抹黄油和果酱时也要先将面包掰成小块再抹。

喝咖啡时，如愿意添加牛奶或糖，添加后要用小勺搅拌均匀，将小勺放在咖啡的垫碟上。喝时应右手拿杯把，左手端垫碟，直接用嘴喝，不要用小勺一勺一勺地舀着喝。吃水果时，不要拿着水果整个去咬，应先用水果刀切成四或五瓣再用刀去掉皮、核，用叉子叉着吃。还有，在进餐尚未全部结束时，不可抽烟，直到上咖啡表示用餐结束时方可。另外，就餐时不可狼吞虎咽。对自己不愿吃的食物也应要一点儿放在盘中，以示礼貌；喝汤时也要留意不要发出声响。

现代职场女性参加宴会的机会越来越多了，要想体现自身素质、遵循宴会礼仪，就必须了解什么是宴会以及宴会的特点有哪些，并且须从宴会席位安排、遵守出席宴会时间、出席宴会的着装礼仪、选择合适的饰品和宴会的进餐礼仪等方面来约束自己的言行和举止，以免在赴宴时闹出笑话，出现尴尬场面。从另一方面来说，也体现了我们的综合素质，塑造我们的良好形象。

当你接到请柬或邀请信时，能否出席参加要尽快予以答复，以便主人安排。如果不能参加，要向主人说明，并表示感谢和歉意。出席宴请，要注意仪表，经过梳洗打扮，穿戴要清洁、得体、大方，最好选择一套既得体又入时的服装。除了合宜的服装、适当的彩装之外，整体的饰品搭配也是相当重要的。可以说，合适的饰品，有画龙点睛之效，而过多的装饰品，却有画蛇添足之感，掩盖了自己的气质光芒。所以，参加宴会时一定要检查一下自己，拿掉多余的饰品。较常见的饰品有耳环、项链、手表、手镯、手链、戒指、胸花、胸针等。但不是每样饰品都需要戴，而要根据你的着装和气质选择合适的饰品。还有皮包和鞋子也是经常会被人们忽视的，在参加宴会时选择的皮包应是精致、小巧一点儿的皮包，鞋子至少是三寸高跟鞋，且颜色、风格等需和服装相协调，千万不能西装革履却穿了一双休闲鞋。女士们要留心脸部的化妆，化妆要浓淡适中，如果你有一张漂亮的脸孔，那么淡淡地修饰一下，更能显示出你的秀丽和高雅的气质。

我们在参加宴会时，自然要依时赴宴，这是一种礼貌。因为客人抵达时间的迟早、逗留时间的长短反映了对主人的尊重。如果你确实有事不能按时到达，需要事先向宴会主办人说明，以免宴会主办人为难。因此，参加正式宴会，切记不要迟到，否则是很不礼貌的。但是参加宴会时也不可太着急，如果你很早就到了，结果你到宴会厅时宴会主办人还在忙着协助服务员整理会场呢，这时主人要是照顾你吧，没有时间，要是不照顾你吧，又不太礼貌，无形中反倒给主人增添了麻烦。因此在参加宴会时你最好不要早到很长时间，但也不要迟到，否则都是很不礼貌的。万一你在参加宴会时迟到了，那么在你坐下之前，一定要先向所有的人微笑着打招呼，同时还要说声抱歉，特别是对宴会主办人。宴会开始了，更需要我们重视进餐礼仪。

(1)入座时，无论你作为主办人还是赴宴人员，一律由椅子左边入座，要坐得端正，双腿靠拢，两足平放在地上，不宜将大腿交叠。双手不可放在邻座的椅背上，或把手搁在桌上。

(2)吃进嘴的东西不要再吐出来。你在宴会就餐时，一定不要非常大口地吃菜或大筷子地往自己餐盘中夹菜。因为，第一，当你大口吃菜时，可能会遇到你不太喜欢的口味或原料，也可能菜肴很烫，这时你要是吐出来十分不礼貌，不吐出来吧，自己又十分难受，所以就餐时，特别是吃新菜时一定要小口地吃，当你了解了本菜的口味和冷热程度后，再正常进餐；第二，当你大筷子往自己餐盘中夹菜时，会给别人一种很贪婪的感觉，特别是遇到高档菜时更不能这样，这对你的形象有很大的影响，所以在用餐时要懂得浅尝辄止。

(3)在参加宴会时你可能会经常发现别人很热情，他会用自己的筷子和勺子给你夹菜，这样在人们的传统观念中是热情、照顾周到的表现，但是在现代社会其实不是很合适，特别是遇到很讲究的人时，会忌讳这种做法。所以在宴会就餐时，你可以热情地向客人介绍菜肴，建议他们尝一尝；你也可以用公用餐具为客人夹些菜肴，但是要注意分量不要太大，以免客人吃不完而觉得不好意思，因此，让菜时可以用公用食具少夹一些，如果客人觉得好吃的话会自己再添的。

(4)在宴会上主人如有敬酒之举，你也必须回敬一杯。敬酒时，身体要端正，双手举起酒杯，待对方饮时即可跟着饮。如果是大规模的宴会，筵开百席，主人只能依次到各张桌子去敬酒，每一桌可派出代表到主人席去向主人回敬。敬酒时，态度要从容大方。如果服务人员端茶给你，要站起来用双手接，这表示你尊敬别人，显示出了礼貌也会让别人更加尊敬你。

(5)吃东西不要发出声音。我们在就餐时的基本礼仪就是不能发出响声，参加宴会时更是如此，就餐时不能发出很大声响，特别是喝汤和吃面条时更要注意，以免影响个人形象。另外，食物入口后应闭口慢嚼，口中有食物时不可开口说话，他人口中有食物时也不宜向其发问，用餐中饮用饮料时切忌牛饮。

(6)进餐时，不要高谈阔论。嘴里有食物时，不要说话。吃食物时，尽可能将嘴巴闭合，吃时不要发出啧啧的声音，万一打喷嚏、咳嗽，应马上掉头向后，拿手巾掩住口，切不可对着一桌子菜喷。如果你在那天伤风咳嗽，最好不去赴宴会，因为在席上频频咳嗽不仅失礼，而且缺乏公德。

(7)在宴会中最好不要中途离去，若万不得已时也应向同桌的人说声对不起，同时还要郑重地向主人道歉，说明原委。如果有长辈在内，最好向后退两步，再转身离开，这样，才能表现出你是一个有教养的人。注意把握时机，千万不要选择在席间别人说话时或说完一段话之后退席，以免引起不必要的误会。一般的退席时间应该选择在大家都吃完以后，如有水果上来，应在吃完水果之后。如果自己确有要紧的事必须先走，可向主人悄悄告辞，并且道谢，不必惊动太多客人。

(8)宴会完毕，便可以告辞了。这时主人家已经站在门口准备送客了，你可以随着众客人走到主人面前，握一下手，向主人致谢，祝贺宴会组织成功，感谢主人的热情周到，称赞菜肴的丰盛精美等。但客气话尽量简单些，说得过多，会使主人不自在。千万不要拉着主人的手不停地谈话，即使你有很多话要跟主人说，也该留待他日有空再谈，免得妨碍主人送客。

总之，餐饮礼仪很重要，往往一顿饭吃不好可能工作就无法完成，所以要引起我们的重视，熟练掌握各种场合的餐饮礼仪，让自己能够应对自如，自然做起来就能从容优雅，带给人好印象。

职场餐饮礼仪很重要，它不仅是吃的问题，还是一种职场往来。职业女性必须掌握一些餐桌上的礼仪，让自己在餐桌上从容优雅，不仅“吃”出了自己的魅力，也完成了自己的工作。

第八章

快乐工作，幸福生活：做潇洒自如的职业女性

工作和生活是人生的两大组成部分，也是职业女性要面临的一大难题，如何处理好两者的关系至关重要。作为职业女性，我们要学会平衡，既要快乐工作，又要幸福生活。

1

别把工作当成人生的全部

工作，顾名思义，就是通过自己的劳动和智慧创造社会价值，收获经济利益的行为，是人类谋以生存发展的前提。生活，简单地说，就是以家庭为核心，以亲人朋友为主要交往人群，实现个人责任的一种行为，并带来家庭欢乐的幸福感。所以，工作与生活就像成长轨迹上的两条轨道，缺一不可。工作不是人生的全部，它只是人生的一部分，而不是人生的主导，我们的生活离不开工作，我们需要一份工作作为经济来源。工作能让人充实，让人更好地实现人生价值。如果工作是劳，那么工作之余就是逸。劳逸结合才能品尝出人生的精彩。

某公司经理小王，从小成绩优秀，对各种活动都积极参与，大学毕业后，在单位里以工作卖力和精力旺盛闻名，同事都称她是“工作狂”。她平时十分自负，从不怕困难，做事追求完美，甚至会因为下属报告的书写风格不符合要求而发脾气，在家里也是一样，动不动就跟家人发脾气。最近一年，她发现自己越来越难以保持过去的工作状态了，心情也变得压抑，无奈之下，她来到心理门诊咨询。

在和心理医生的交谈中，她谈话的态度谨小慎微，言语冗长，她坚信自己有决心和能力把工作做好，但就是觉得时间太

少，要做的事很多。她放假也不休息，谁打乱她的计划就发火。心理医生认为，她存在许多适应不良的人格特征：求全责备和注重细节、坚持别人按他的意思做事、工作方式刻板致使人际关系受损，这些特征属于强迫性人格障碍。这种人格常常促使自己不断进取，但对人生的挫折往往难以承受，当工作出现困难时就表现得尤为突出。这些问题一定要及时解决，时间长了有可能会出现强迫念头或行为。心理医生建议她一是减少每天的工作时间；利用周末给自己放假，和亲人或朋友一起去休闲娱乐，努力营造轻松愉快地人际关系；二是调整自己的认知，不能放大自己或同事的缺点，要多留意同事的优点，做事无须事事要求完美等。

案例中的小王是个典型的工作狂，脑子里全部都是工作，从来没有节假日的概念，对工作倾注了几乎全部心血，一旦有一点儿不如意就大发雷霆，导致和同事关系不融洽，家庭关系也不和谐，并且对自己的精神状况也有所影响。这明显就是把工作当成了生活的全部，最后让自己苦不堪言。这给我们的启示就是，工作不是人生的全部，为了基本生存，工作是必要的，但除了工作还有许许多多的事情要我们去做，我们不能为了工作而忽视生活，我们不是工作的机器。

对于职业女性来说，我们不提倡做全职太太，但绝不能为了工作忽略了生活，那样会得不偿失的。有人说，事业上成功的女人往往有一个失败的婚姻，这也是有一定道理的。女人为了工作不顾家庭肯定是不合理的，对女性来说，家庭婚姻甚至比工作重要，因此有很多女人愿意放弃工作。在这里我们要说的是，不要把工作当成人生的全部，家庭生活的和谐是一个人一生中最重要的目的，也是一个人成功与否的重要标志之一，因此，不要总是在职场纠缠，而忽视了生活。

工作与生活是人生的两大支柱，两者并不矛盾，本质上它们是一种相互促进、相互依赖的关系。工作的最终目的是为了更好地生活，而快乐的生活可以促进工作顺利开展。没有一份稳定、舒心的工作，就无法成就一种惬意、幸福的生活；没有一份惬意、幸福的生活，也就无法支撑一份稳定、舒心的工作。虽然人生的大部分时间是在工作中度过的，但也要为家庭、朋友、业余爱好和其他休闲活动留出些时间。虽然生活质量很重要，但也不能撇下工作，不负责任地只顾私人的事情。所以，生活中需要多些情趣，工作中需要多些乐趣，不要把工作当成压力，要把工作当成享受人生的一部分。

工作是人生的一部分而不是全部，这一点对职场人士来说很是重要。尤其对女性来说，除了工作，家庭也至关重要，不要为了工作而忽视了家庭，影响了幸福，这是得不偿失的。

2 学会平衡，合理安排工作和生活

生活与工作，是人生天平的两端，需要我们去把握去平衡。如果我们不能很好地去平衡两者，会让我们的人生顾此失彼。现代不少女性认为要使自己的家庭得到最好的料理就必须做全职太太，认为工作会直接影响到家庭生活的质量，至少就不能全心全意地照顾孩子和丈夫了。但仔细想一想，如果真是这样，成家的女人不都变成保姆了，这样的评价肯定会招致许多已婚且事业有成女人的反感，她们不认为家庭和事业是冲突的，她们能很好地处理家庭和事业的关系，做到家庭事业两不误，她们认为妻子只有拥有自己的事业才能更好地帮助丈夫，才能更爱惜家庭，把家庭整理得更加合理。因为家庭与事业并不矛盾，只要能妥善安排一下，是完全可以全都处理好的。

20世纪90年代，大学毕业不到一年的立新来到北京中关村四海电子市场开始了她创业的生涯，当时以销售光盘、硬盘、打印机为主要项目。“其实和大多数人一样，我当时没有太多的想法，只是希望今天的生活与昨天的不一样。”夏天雨水多，小店的屋顶漏雨，她就用吃饭的碗往外舀水，立新每天都把小店收拾得干干净净，布置得漂漂亮亮，她用热情与真诚打动着每一位顾客，渐渐地她的小店有了知名度，有了固定的顾客群。1995年，她创立了自己的电脑品牌。1997年，在IT行业创业的高峰期，立新掘得了她人生的第一桶金，赚得了第一个100万。与此同时，公司也越做越大，一晃十几年过去了，现在这家电脑公司的名字已唱响全国，且传播世界。

这也许就是我们眼中的女强人，但立新却不这样认为：“坦白地说，我并不是很喜欢女强人这个称呼。无论做到什么位置，女人就该是女人。是女人，就该扮演她该扮演的角色，妻子、母亲、女儿。而我的公司，也只是个女人管理的公司而已，没什么特别的。”

事业的成功并没有让她失去家庭的幸福，立新认为，作为一名职业女性，必须要妥善处理家庭和工作的矛盾，否则就有可能因此失去家庭的温暖。她有一个爱她的老公和一个懂事的儿子，这也是令人羡慕的。她认为：“该工作的时候，要全力以赴地工作，该照顾家的时候，就一分不少地去照顾家庭。”她是这样说的，也是这样做的。

2004年，正值公司发展的高峰期，立新从台湾请来了几位顾问为公司出谋划策，每天晚上都要开会到深夜，为了更好地照顾上小学的儿子，尽到做母亲的责任，她回忆说：“那段时间，我每天早上5点半就准时起床做早饭，为儿子准备当天穿的衣服和零食。吃过早饭就送孩子去学校，然后再赶到公司上班，下午5点赶去学校接孩子，利用在车上的时间，抓紧时间和孩子交流。把孩子送回家后，晚上帮孩子洗漱、哄他睡觉之后，我又急着赶到公司，因为还有事情没处理完，还有人在等着我开会呢。”

当问到为什么一定要亲手做这些家务的时候，她说：“其实，这个时候我已经请了小时工来帮忙，可我一直认为，既然你是母亲、是妻子，就有责任来完成自己的义务，有些事情是别人代替不了的。要不然，后院起火，我的事业还能走多远呢？”不过，随着公司的平稳发展，立新在家庭和事业之间平衡的技巧越来越娴熟，现在的她，是那样的轻松。

她是一名职场精英，有着自己的事业，需要带领她的团队奋勇向前。同时她也是一个女人，需要照顾孩子，照顾家庭，但是她并没有因此手忙脚乱，失去平衡。正像她说的“要家庭，更要积极开拓自己的事业”，这样更容易通向成功。

可见，一个成功的女人，就是要把握好工作和家庭，只有这样，才能做一个真正幸福的女人。那职业女性该如何协调工作和生活呢？首先要合理安排时间。虽然可能有意外情况发生，但这个时间表能作为原则性的指示，对大局还是有一定的控制作用的；只要我们合理安排时间，就能按时完成工作任务，不至于没有完成工作而影响生活。其次要学会角色转变。回到家你就是一个妻子、一个母亲，身份不同了，表现自然应该不同，对丈夫你该显现女人的万般柔情；对孩子你该充分呵护、关怀，表达爱与责任，要给家人最温情的一面。最后要拥有健康的身体。工作压力过大，长时间作息不规律，都可能导致各种各样的健康问题。健康是革命的本钱，只有拥有健康的身体，才能有精力料理好工作和生活。

点赞正能量

俗话说，不走极端，平衡才是硬道理。生活和工作对职业女性来说都很重要，这就要把握好两者之间的关系，学会平衡，做到合理安排，不顾此失彼，这样一来，生活才完整，才能更加幸福。

3

把握好自己的爱情，别让金钱迷住了双眼

爱情不能买卖，更不能用金钱来交换，爱情的发生往往很偶然，一个眼神、几句温暖人心的话就可以了。在这个一切向“钱”的社会，我们对待爱情要冷静，千万别被金钱迷住了双眼。这就要求我们要把握好爱情，在寻觅爱情时，不要强加学历、金钱、权力等附加条件，爱情是一种情愫、一种心有灵犀、一种体贴，爱情不因为一纸文凭而更美妙，也不因为更多存款而更亲密，不因为他的英俊、潇洒、高大、威猛，不因为更大权力而更持久，爱情是一种心灵的碰撞，情感的交流，和一切外在的东西没有必然的关系。

有一个女孩交了一个男朋友。男朋友是机械工程操作师，在一个大型的公司任职，待遇还可以，不过工作很辛苦，也很累。她男朋友为了两人能有一个美好的将来，几乎每天加班，挣取加班费，一个月下来，扣去各种税也能拿个3000多。而女方自己在上海一个月只有1500～2000元的工资，挣得不多，却很在乎男人挣的钱。她每次和男朋友通电话就问：“你这个月拿了多钱啊？”“你奖金拿了多少啊？，你这次来多带点现金过来给我用用啊，你要多挣钱啊。”“这次生日你送我礼物就给我钱吧，我只要钱。”“多带点钱给我买衣服啊，差的衣服我不穿的。”男朋友每每听到这些都非常的难受，但还是满足了她，到后来女孩变本加厉，让男孩无法承受了，只能提出分手。分手后的女孩很是后悔，认识到了男孩的好，知道是自己索取太多，毁了这段本来可以走进婚姻殿堂的爱情，可世界上没有后悔药，留下的只能是遗憾。

在爱情中，不能要求太多，要懂得理解和尊重。因为，真正的爱是无条件的认可与尊重，它意味着你认同并接纳爱人的真实，无论是他好的一面还是不好的一面，尊重意味着尊敬或敬重。如果你尊敬你的伴侣，你就会时刻感受到他的价值和分量，你会很自然地理解他的观点，倾听他讲的话，关心他的感受。他也会尊重你们的爱情；而宽容能把你们重新联系在一起，让你们一次次重建你们的感情关系，使你们的感情关系保持完整。

作为一个职业女性，一定要有一个正确的爱情观，要知道金钱永远不能换来爱情，要想拥有美好的爱情，只有让自己变得更好，而不是一味地去要求对方，去索取对方。那么现代职业女性具体该怎么做呢？

(1)建立自信。女人的自信、自立，和自己的事业是分不开的。没有工作，一味想依靠男人，在激烈竞争的现实中，你的“依赖”只会让人退避三舍，让你光彩大减。从丛林法则角度来说，男人们也更愿意选择有能力的女人，成立家庭和抚养下一代才更有保障，有更高的抗风险能力。

(2)提升竞争力。职场竞争不分男女。想赢得认同，要靠自己的实力。网络上时兴这么一句话：“女人不狠，地位不稳”，这个“狠”，从职业规划的角度来看，就是要有自己的核心竞争力，有真本领，这样才能从工作中实现自己的价值，如果浑浑噩噩，随时可能被取代，那谁也不会去重视你。

(3)做好职业规划。女性的职业生涯往往要比男性短很多，务必尽早做好职业规划。这样，才能收获精彩职业，不管面对爱情、家庭，或是生活中的任何变化，方能应对自如，进退有度。女人的美丽源于自信，自信源于工作和生活的精彩。不是每个女人都要做女强人，但是有一份让你独立、美丽的工作，才能助你收获美好的爱情。

爱情是两个人情感的碰撞，是相互吸引的结果，是不能用金钱所替代的。现代职业女性，千万不要被金钱所迷惑，要因情而爱，而不是因钱而爱，把握好自己的爱情，争取爱情事业双丰收。

4

用心经营自己的家庭，谨防婚姻亮红灯

人们都说婚姻是爱情的坟墓，其实不然，女人对婚姻的幸福有绝对的主动权，一个爱自己丈夫的女人是不会让自己的婚姻成为坟墓的，她会用心把婚姻经营得比天堂还要美好。爱是用心经营的，真爱就是无条件付出，而不是讲偿还。一个家庭的和谐美满需要夫妻双方共同付出，但这种付出不一定是平均的，更多时候是一方多于另一方，这就要求我们不要计较谁付出得多或少，为此争论不休，相互埋怨指责。不论是爱情还是婚姻，都需要我们用心去经营。

现在的女性大都有着自己的工作，对工作投入大量的心思，造成对家庭婚姻的关注自然减少，没有时间表现女性的温柔，对丈夫也失去了体贴，对孩子的成长教育也视而不见，只是一味地工作，很容易导致婚姻亮红灯。

我们要知道，婚姻需要经营，需要我们负起责任，从缔结婚姻的那天起，你便对婚姻负起了一种神圣的责任，不管遇到什么艰难险阻，你都有不可推卸的责任来维护它的完整。除了责任外，婚姻还需要智慧。

小莉的丈夫是个成熟、深沉、有事业心、有责任感的人，像这种类型的男人，对年轻女性是极具吸引力的。她与他相恋时，内心已有准备：绝不过分干涉他的社交领域、生活情趣，如果出现丈夫有拈花惹草的敏感问题时，不摔醋坛子。

她不怕被丈夫甩，怕甩反被甩。与其拖住他，不如放了他"再选择"。但她深信彼此间的真挚感情，能够抵挡住来自任何外在的诱惑冲击。当然光"放"不"吸"不行，她是他妻子，最有吸引他的充分条件。她的秘诀：用柔情感化他，用体贴打动他，用情理疏导他，用能力征服他，用魅力迷住他。

在家里她有时会接听到一些陌生女性打电话找丈夫，也会发生丈夫晚回家的情况。但她从来不"打破砂锅问到底"，她想每个人都有自己的交际圈，她给丈夫的是充分的空间、自由与信任。深夜回家的丈夫每次都见她若无其事，并不像有些女子那样闹得寻死觅活，他会突然觉得她比过去更可爱了。她深信他是个情意浓厚、怜香惜玉而非移情别恋之人。结果正如她想的一样，丈夫更加爱她了。

案例中的小莉就是在用心经营婚姻，她知道男人靠管是管不住的，因为现代社会，异性交往已成平常事，做妻子的固然要考虑小家庭的整体，但更要意识到家庭成员的独立人格，若对丈夫实行"妻管严"，只能事与愿违，令他厌烦。只有互相尊重的婚姻，才会爱意日浓，天长日久。

对女性来说，经营好婚姻家庭不仅包括生活上的悉心照料，还有事业上的点拨互补，能在丈夫的工作上给予一定的指导，哪怕仅仅能在工作上与他有沟通，对丈夫而言有时也比生活上的琐碎关爱更令他感到安慰。女人没有自己的事业就不能切身体验丈夫工作上的苦乐，工作对于男人往往是极其重要的，他们需要自己最亲近的人的理解和支持，妻子能在事业上对丈夫有所帮助，是他最在意的妻子给自己的爱。但同时也要注意，

职业女性不可沉溺在工作中而忽略了家庭。

另外，女性还要重视自我的提升。男人爱的女人并不一定是最漂亮的，女人要想长期地令丈夫死心塌地地爱自己，光有迷人的外表还不够。男人最喜欢有内涵的女人。培养内涵需要女人有自己独立的空间，当然这并不是对自己的丈夫要保守什么秘密，也并不是刻意与丈夫拉开距离。女人在自己独立的空间里，可以安静地梳理感情，认真地分析生活、事业的成功与不足，并着手去改进与完善。女人如果能做到从容、慷慨、善解人意、识大体，即使外表平平也会令男人心仪。当然，为了吸引男人的眼球，女人讲究一下外表和服饰也是必要的。一个习惯素服出入的妻子如果能偶尔盛装打扮一下，更会令丈夫神魂颠倒，增加自己的吸引力。

婚姻和家庭都是需要经营的，这需要责任也需要智慧。作为女性，我们要懂得关怀，多抽一些时间在家庭方面，同时，也要讲究智慧，通过一些合理的方式处理问题，这样一来，家庭自然幸福美满。

5

孝亲敬上，做一个称职的好媳妇

现代社会的女性，大多都是独生子女，在家中是父母宠爱的宝贝，当成为另一个家庭的儿媳时，肯定有所不适应，那种习惯了父母或者说整个家庭以自己为中心的日子一去不复返，来到丈夫家，感觉自己是个新成员。在这个新的家庭里，女性必然要试着改变自己，如果不改变，定会出现家庭矛盾，尤其是婆媳矛盾，这将直接影响夫妻关系的稳定。我们要知道，媳妇的加入改变了原有的家庭模式，同时改变了婆婆原来的女主人的位置，婆婆内心受到的冲击一定不比媳妇少。因此，安抚婆婆、化解婆婆对媳妇天生的敌意是婆媳和睦相处的先决条件。

作为一个媳妇，其实不容易，因为每个人的思想和生活方式都不一样，如果可以避开不必要的争执是最好的，对长辈礼让、尊重，当成自己的父母，坦诚交流，了解长辈的日常习惯，也说出自己的喜恶，让公婆了解自己，沟通好了自然相处就好，如果真的出现争吵，作为晚辈的我们也应该先退让。对于职业女性来说，这方面的压力可能更大些，工作已经耗费了一定的精力，在照顾家庭方面肯定没有全职太太做得周到，家庭矛盾也是必不可少的，但我们还是要努力做个称职的好媳妇。以下几点，很值得去尝试

(1)儿子在婆婆生命中占有极其重要的地位，如果他结婚了，“疏离”是必然的现象，可是一般做婆婆的却难以接受。因为婆婆害怕失去儿子，也怕你夺去他的亲情，在心理上便会产生一种不安全与失落感，一时之间情绪无法平衡，所以会有意或无意识地表现出非常让人难以接受的态度。因此身为媳妇的我们必须要了解此种情况，尽量站在儿子角度多关心孝敬婆婆，努力帮助她安下心来，使她消除了心理上的失落感，才能使自己成为婆婆可以信赖的好媳妇。

(2)一般而言，母女的情感应该比其他的人要深而浓，如果把自己当作婆婆的亲生女儿，将她视为自己亲生的母亲，充分表现出更多的关心、宽容、依顺，那么你会成为婆婆最贴心、最疼爱并具有孝心的媳妇，相信一家人会很愉悦，其乐融融必定是很自然的事。就像一个家里，多一个媳妇就如同多了个亲生女儿，她得到的待遇并不比亲生女儿来得少，有时反而会更多。当然，做媳妇的也会相应地回馈这种情感，如此一来，婆媳彼此肯定会和睦幸福。

(3)每个家庭中，做女儿与媳妇所扮演的角色有很多不同点，最重要的是女儿在多年来已习惯的环境中成长，一切感到自然与愉悦，遇到天塌下来的大事有父母顶着；而媳妇却要面对许多陌生的事情，必须从头开始

去学习、去适应，如果听任自己，固执、倔强或耍耍小性子等，那你可能变成怨妇，三天两头就得跑回娘家向母亲诉苦，甚至后悔不该出嫁。其实如能改变一下自己，放弃以往在母亲身边做公主的心态，面对现实，并多付出些忍耐，为将来成为一个母亲而勤加学习，多克服一些以往的坏脾气，学会大度宽容，尊敬老人，这样你定是一个好媳妇。

(4)要当一个称职的好媳妇，尤其是职业女性，千万不能忽视对丈夫的照顾，只有把丈夫照顾好了，婆婆才能放心，才能把媳妇当成自己人，因为每个母亲都希望自己的孩子幸福。

点赞正能量

一个称职的媳妇首先要处理好婆媳关系，把婆婆当成自己的亲生母亲，多些关心和宽容，充分表现出对长辈的尊重与礼让，同时也要照顾好家庭，对丈夫、孩子多些关心。

6 既能做好工作，又能教育好孩子

现代社会经济的发展，为女性创造了选择的机会和施展才华的舞台，于是职业女性面临着一个问题：怎么既能做好工作，又能成为贤妻良母？由于工作中的忙碌，对子女教育带来了不利因素，职业女性长期被双重角色冲突所困扰。有的人事业成功，却常常感到愧对子女；有的人借口忙累，对子女教育放任自流；有的人回归家庭做专职母亲；有的人干脆不要孩子，放弃做母亲的权利和责任。于是我们就要问，职业女性能否成为合格母亲？其实是可以的，只要处理好事业和家庭的关系，充分认识到做合格母亲的重要性，不断提高自身素质，完全能成为合格母亲。

作为职业女性，要兼顾好家庭与工作确实挺不容易的。但我们必须面对，在家庭这方面，孩子教育是重要的一部分，可以说是至关重要的，因为教育的好坏直接关系到孩子的未来。现代社会的普遍现象是，家长忙于工作，疏忽了孩子的教育工作，从而出现了一些不良少年，这就不仅仅是学习好坏的问题了，将直接影响孩子的前途命运，因此，我们必须重视孩子的教育。

职业女性具有一定的知识文化水平，而且在工作岗位上不断接受新的知识，这对孩子的教育都有帮助，因为自身的文化水平可以掌握正确的教育方法，从而指导孩子学习，再者，职业女性的社会角色和社会地位，决定了她们具有较强的人际交往能力，信息来源广泛，眼界较开阔，为指导孩子健康成长提供了有利条件。这些都是职业女性在家庭教育中的优势，是有能力教育好孩子的。但我们也要知道，拥有这些有利条件，不等于就能成为合格母亲。高素质的母亲是造就高素质后代的基本条件之一。所谓高素质，应具备较高的文化知识水平、良好的道德修养、健康的心理状态、正确的教育观念。因此，要想孩子成功，自己必须优秀，教育孩子的根本在于教育自己，职业女性要想成为合格母亲，就要从提高自身修养开始。

(1)要终身学习，加强文化科学艺术修养。面对信息化社会、网络时代的到来，我们的孩子已经走到了我们的前面。他们文化水平高、知识面广、眼界开阔、思维敏捷、信息量大、接受新事物快。他们知道的东西往往比父母多，他们提出的问题往往超出父母所能回答的范围。作为母亲，只有拥有丰富的知识，才具备了与孩子对话、沟通的条件，只有自己站在高处，才能有效地引导孩子的发展。职业女性虽然有一定的文化基础，但要成为合格母亲必须与孩子一同学习，向孩子学习，共同进步。要树立终身学习的观念，不断充实新的知识，改进知识结构，顺应社会发展，提高家庭教育质量。当然，我们不可能要求每一位母亲都成为全才，但对新知识渴求的精神、战胜思想中的惰性的勇气、持之以恒的学习毅力都将成为孩子

学习的楷模。

(2)追求真善美，加强道德修养。家庭教育的根本功能是教孩子学会"做人"，做一个好人，要以"德"为先，在家庭中营造良好的精神文明小环境，奠定孩子人格形成和社会化的基础。母亲是孩子的榜样，是第一任老师，母亲的人生观、价值观、道德观在不知不觉地教育着孩子，潜移默化地影响着孩子。母亲的一言一行、一举一动都在无声地发挥着教育作用，孩子也无时无刻、自然而然地接受这些影响和渗透。对孩子的道德教育要从家长做起，言传身教，身教重于言教。因此，要做合格母亲，先要规范自己的行为，做一个爱国的、正直的、善良的、勤劳的、有爱心的、有责任心的人。要在日常的工作生活中加强道德修养，严于律己，处处给孩子做榜样。

(3)高效率完成工作，才能有时间关心教育孩子。高效率完成工作，这就要求我们在工作中，一是工作不能盲目，先计划后实施：成功的人永远都比别人超前，他们总有制订不完的计划，正因为他们做事都有计划，他们的时间才很充足。二是遇事分轻重缓急。工作中不是所有的事都必须立即着手，一定要分清楚轻重缓急，不要乱了次序，不分主次，该做的事做不好，不应急做的事做了也是闲置。三是要有执行力。当工作来临，应立即行动起来，而不是放一边不理。执行力是做好每件事的基础，有执行力的人做什么都比别人超前、比别人有思想，做与不做永远都是天壤之别。只有这样，才能最大限度地不让工作影响到生活，我们才能有精力关心孩子的教育。

点赞正能量

如今孩子的教育已是家庭生活的重中之重，身为职业女性，肩负的责任重大，压力可想而知。因此，职业女性要合理安排工作，抽出时间，关心孩子教育，同时，也要提高自身的素质，给孩子做个好榜样。

7

幸福不是拥有得多，而是计较得少

每个人都在渴求幸福，于是人们用各种方式寻找着幸福。有些人用了一辈子的时间也没有找到幸福，而有些人却只用了短暂的几分钟就找到了幸福。其实幸福的多少取决于一个人的性格及诸多方面的原因。日常生活里，我们和家人之间、朋友之间、同事之间会发生频繁的接触与交往，久而久之难免会产生一些摩擦与误会，这个时候不是每个人处理摩擦与误会的方式都是相同的，那么结果也是可想而知的了。既然发生了，我们也无法去避免，唯一能做的就是欣然接受，不去计较太多，心里自然也就愉悦了，随之也会洋溢着幸福的感觉。就如同两个相爱的人，如果都很计较自己付出多了，对方付出少了的话，就毫无幸福可言。所以我们少一些计较，多一些幸福的感觉，整个人自然会惬意轻松。

有这样一个故事：从前，有一个年轻人脾气非常不好，动不动就与人打架，因而人们都很讨厌他。一日，这个年轻人无意中游荡到了大德寺，正遇到一休禅师在讲佛法，他听完之后异常懊悔，决定痛改前非，并且对一休禅师说：“师父！今后我再也不与别人打架斗口角了，即使人家把唾沫吐到我脸上，我也会忍耐地拭去，默默地承受！”“就让唾沫自干吧，别去拂拭！”一休禅师轻声说道。年轻人听完，继续问道：“如果拳头打过来，又该怎么办呢？”“一样呀！不要太在意！只不过一拳而已。”一休禅师微笑着答道。那个年轻人实在无法忍耐了，便举起拳头朝一休禅师

的头打去，继而问道："现在感觉怎么样呢？"一休禅师一点儿也没有生气，反而十分关切地说道："我的头硬如石头，可能你的手倒是打痛了！"年轻人无言以对，似乎对禅师的言行有所领悟。

一休禅师的境界确实了得，可能很多人很难做到这些。但是我们生活在红尘之中，大度包容的心还是不可缺少的。如果一个人气量狭小，遇事斤斤计较，那么在生活中就会处处碰壁，烦恼无限。假如能以实际行动理解、包容别人，那么你也会得到别人的理解和包容。

一个人的快乐，不是因为他拥有得多，而是因为他计较得少。多是负担，是另一种失去；少非不足，是另一种有余；舍弃也不一定是失去，而是另一种更宽阔的拥有。美好的生活应该是时时拥有一颗轻松自在的心，不管外界如何变化，自己都能有一片清静的天地。清静不在热闹繁杂中，更不在一颗所求太多的心中，放下挂碍，开阔心胸，多些包容理解，心里自然幸福无忧。

职场上常常有这样一种人，他们斤斤计较自己的得失，为了一点儿小小的利益就与同事争破头皮，从来不肯吃一点儿小亏。而他们似乎也因为自己的"聪明"而获利不少，如公司给员工发放一批福利品，最后剩下一件，某个精明的职员就会跳出来，以某种借口将其据为己有，而其他同事也不好意思说什么；又或者上司分给部门一个临时任务，这个员工一看任务有些麻烦，便借故推给其他同事，自己则一身轻松。这样的精明，表面上看起来似乎十分实用，实际上正是与同事相处中的一大禁忌。因为，在与同事相处的过程中，往往是计较越多，失去越多。

这就让我们思考一个问题，在职场中，有些人如鱼得水，有些人却四面树敌，很难融入集体之中。为什么会造成这样的情况呢？原因多种多样，归根结底就是，不同的为人处世原则导致了不同的同事关系的产生。有些人在与同事相处中，"利"字当头，什么亏都不能吃，什么便宜都想占，工作拣轻的干，待遇往高处要，看别人时戴着显微镜，高标准、严要求，对自己就总是网开一面，另当别论。这样的人怎么会招人喜欢？又怎么能拥有和谐的同事关系呢？相反，如果能够做到严格要求自己，在工作中与他人积极配合，在生活中与人为善，以宽阔的胸怀待人处世，以严格的标准要求自己，不为一点点的蝇头小利与同事计较，这样的人定会处处受到同事佩服和欢迎。所以，在与同事相处中还要本着“宽以待人、胸怀大度”的原则，尽量不要与同事计较琐碎的利益，要目光长远，宽容大度，才能有所作为，同时也能为自己和同事营造出一个良好的工作氛围。人生的幸福不在于得到得多，而在于计较得少。

爱计较的人肯定不会幸福，他会因得不到一些东西而不快，其实，幸福不是拥有得多，而是计较得少。不爱计较的人，心胸开阔，待人处世以和为贵，在职场招人喜欢，同事关系融洽，工作自然轻松愉快。

第九章

关注健康，呵护自己：做活力四射的职业女性

健康是一切的前提，是职业女性最大的资本，如何呵护健康是人生的一堂必修课。职业女性应从各方面关注自身健康，掌握和了解科学的健康知识，只有这样，才能使身体健康，才能充满活力地去应对工作挑战。

1

重视健康，因为它是一切的前提

健康是幸福生活的前提，是事业打拼的基础，没有健康，一切都是空中楼阁，水中月。只有健康的身体，才能真正体会到真正的幸福生活。健康决定了你的这一生能否去做你想做的事，走你想走的路；只有身体健康，你才会鼓起勇气信心百倍地去实现你的梦想，成就你的人生。健康是一切的前提，它是我们每个人一出生就能拥有的无价之宝，为我们带来一切的可能性。有人说健康是 1，其他的一切都是 0，这种说法再好不过了，有了前面的 1，后面的 0 才有价值，才越多越好。这个道理其实很简单，人人都明白。这告诉我们的是：健康是成功的本钱，虽然不能说“有了健康就拥有了一切”，但是，如果没有了健康就真的会失去一切。这样的例子在生活中不是没有，如那些因过度劳累积劳成疾、英年早逝的大企业家、名人等。

南民，23 岁成为温州乐清税务局专管员，很快下海经商。1997 年与合作伙伴斥资在上海创办了中发电气集团有限公司。经过不断发展，他领导的中发电气迅速壮大，2005 年销售额达 20 多亿元，成为上海十大民营企业之一以及全国民营企业 500 强。就在其事业如日中天的时期，南民却因健康原因英年早逝，

年仅37岁。

南民创业初期就是一个工作狂，曾因过度劳累而在骑摩托车时不慎摔在路上。与南民一起打拼十多年的中发电器新任董事长兼总裁陈邓华这样说：他们这一代企业家总带着企业发展的强烈欲望和冲动。南民经常是一手拿着手机对话，一手正抓起电话，旁边放着盒饭。平时生意场上的各种应酬也颇多，免不了喝酒。工作之余，留给自己的时间总是很少。由于工作强度大，生活不规律，年轻的南民几年前就已经患上高血压、糖尿病等疾病，而且经常感觉脑袋胀痛。“每次病情严重的时候，他都是稍作休息便投入工作，最近两个月他的身体状态又不太好，我们已经劝他在家休养了，但他还是时常来公司坐上半天。”陈邓华说。

上海市浙江商会秘书长陈康汉认为，“太少休息和放松，事业心太强”，也许是这一代民营企业家的“通病”。经历了第一桶金的积累后，民企开始第二次创业，需要在规模、多元化投资、提升技术含量和资本运作能力方面更上一层楼。此时又处于市场经济转型阶段，行业竞争状况发生了很大转变，企业家面临着巨大压力，“不进则退，这使得很多企业家紧绷神经”。

南民的去世，突出反映了企业家健康状况不佳的现实，他们几乎都是用自己的身体打拼江山，壮士断腕式地透支未来，给许多企业家敲了个警钟。

健康是一切的前提和保证，健康是幸福一生的资本，有了健康，才能拥有幸福的生活；有了健康，才拥有充满阳光的世界；有了健康，才能快乐工作追逐梦想；有了健康，才拥有事业的灿烂与辉煌；有了健康，才能青春不老、容颜不变、美丽永远；有了健康，才能拥有一切，健康是福，健康是根。

当你没有了健康，即便富可敌国，却再也找不回当年即便一无所有却也开心灿烂的笑容；当你没有了健康，不能亲力而为地做一些事情时，你会无比地怀念当年只拥有健康的你，并为你今日的失去悔恨不已；当你没有了健康，你所拥有的一切都会变得虚无；当你没有了健康，你才知道当年不顾一切地打拼，是那么的可笑……在人生的奋斗中，能否得到胜利，就在于你能否保重身体，能否使你的身体一直处于良好的状态。

健康如此重要，这就要求我们要重视，失去了健康，生命会变得黑暗与悲惨，会使你对一切都失去兴趣与热诚。能够有一个健康的身体，一种健全的精神，并且能在两者之间保持平衡，这就是人生最大的幸福。对于职业女性来说，健康更是幸福快乐的基础，要想取得成功，最重要的一点是每天都要以一个健康的身体去对付一切。那种有气无力、弱不禁风的女性，永远不可能取得胜利。因为，如果你没有健康，以一种极其糟糕的状态去从事工作，工作效率自然要大减，在这种情形下，成功是难以得到的。

健康是一切的前提，是我们实现梦想的保障，是我们享受生活的基础，拥有了健康，我们的生命才能更加顽强，才能更加绚丽多彩。

2

规避健康禁忌，做健康的职业女性

随着竞争愈来愈激烈，现代职业女性的工作节奏日趋紧张，导致精神上和身体上的超负荷状态对健康是非常不利的。如果不注意休息和调节，久而久之可导致内分泌功能紊乱，产生各种身心疾病。因此，在工作

生活中，我们一定要重视身体健康，注意规避一些健康禁忌，确保身体健康。

(1)养成良好习惯。职业女性大都在办公室工作，一天大多时间都保持坐的姿势，脊椎部位也常呈弯曲或者是受力状态，这样时间一长就会出现颈椎问题。就算是再忙也要摇摇头、扭扭脖子，可以先做几个低头和抬头的动作，再做几个左右转动的动作，可以交替收缩和放松颈部肌肉。这样就可以预防颈椎病，缓解疲劳；另外，一个姿势坐久了不妨伸伸懒腰，将头后仰深深地打一个大的哈欠，对于工作疲劳的人来说可以促进血液的回流，帮助新陈代谢，使细胞获得更多的氧气，并且打哈欠时会张口大大地吸一口气，然后再快而短地呼气，在这短短的时间内也可以将胸中的废气吐出，增加血中氧气浓度，由于流入头部的血液增多，会使大脑得到比较充足的营养，对于大脑中枢有去除困倦感的作用，使人顿时感到清醒舒适。这两种好习惯一旦养成，将对办公室职业女性的健康大有益处。

(2)远离“过劳死”。随着生活节奏的加快，女性承受的工作、生活压力在不断加大，处于亚健康状态的人逐渐增多，如果不注意调节和防治，很容易出现过劳死。因此，不要超负荷工作，这样会使体内产生许多毒素，而且有些毒素会随着血液进入大脑，能迅速引起中枢系统的“中毒”症状。疲劳，是一种信号，它提醒你，你的肌体已经超过正常负荷，出现疲劳感就应该进行调整和休息，做到劳逸结合，张弛有度。如果长期处于疲劳状态，不仅会降低工作效率，还会诱发疾病。

(3)保持心情舒畅，切忌忧愁焦虑。当一个人感到烦恼、苦闷、焦虑的时候，他身体的血压和氧化作用就会降低，而人的心情愉快时，整个新陈代谢就会改善。因此，要防止疲劳，保持充沛的精力，就必须经常保持愉快的心情，并培养坚强、乐观、开朗、幽默的性格，具有广泛的爱好和兴趣，始终保持积极向上的生活态度。心情不好时应学会心理调节，尽量想办法宣泄或转移，如找好友聊天，一吐为快，或纵情山水，饱览大好河山，使心胸开阔，热爱生活。

(4)减肥不可盲目。爱美之心，人皆有之，职业女性尤其如此，许多人千方百计想减掉自己体内多余的脂肪，减肥茶、减肥餐等各种各样的减肥措施令人眼花缭乱。减肥者想速见成效，拼命节食，结果是体重减轻了，身体却垮了。

(5)切忌浓妆艳抹。职业女性由于工作需要，对自己进行适当的化妆是必要的，但切忌浓妆艳抹，因为目前市场上出售的化妆品无论多高档，还是化学成分居多，含汞、铅及大量的防腐剂，虽然能暂时遮住色斑，却治标不治本，不少女性把美容希望寄托于层出不穷的化妆品上，忽略了自身的健康。化学品会严重刺激皮肤，粉状颗粒物容易阻塞毛孔，阻滞皮肤的呼吸功能。

(6)不要饮茶过浓。一些职业女性有饮茶的习惯，茶可消除疲劳、醒脑提神，提高工作效率。饮茶好处固然不少，但茶碱太多也有坏处，茶是一种有效的胃酸分泌刺激剂，而长期胃酸分泌过多，是胃溃疡的一个重要致病因素，所以，应在茶中加入少量牛奶、糖，以保持胃黏膜免受或减轻胃酸的刺激。

趋利避害是人的天性，这在健康问题上也同样适用，健康禁忌不去触碰，以免对身体造成损害。现代职业女性压力大，对健康关注较少，更应该细心呵护自己，规避健康禁忌，用心关爱自己。

3

学会劳逸结合，会休息才会工作

我们要知道这样一个道理：要身体健康就必须要懂得劳逸结合。休

息与工作本身就是相互影响的，只有休息好了工作才有动力，同理，只有工作有效果了休息才能安稳，这就形成了一个循环。现在社会生活节奏加快，工作压力加大，身在职场我们要学会在快节奏中提高自己的心理承受能力，在各种事件中基本保持心理平衡。要科学安排工作、学习和生活，制订切实可行的工作计划或目标，并适时留有余地。无论工作多么繁忙，每天都应留出一定的休息、“喘气”的时间，尽量让精神上绷紧的弦有松弛的机会。对待事业上的挫折不必耿耿于怀，亦不要为自己根本无法实现的“宏伟目标”白白地呕心沥血或累得筋疲力尽，要学会劳逸结合，轻松工作。

随着社会竞争愈演愈烈，许多职场人感到压力很大，加班已成为常态，“过劳死”也已不足为奇了。据德国报道，一名 21 岁的德国大学生在伦敦一家银行实习期间突然死亡。21 岁的莫里茨来自德国巴符州，不久前莫里茨被世界知名的美林投资银行招聘为实习生。不幸的是，在实习期即将结束时，莫里茨却意外猝死。据悉，莫里茨死亡前曾连续加班三个通宵，长达 72 个小时。莫里茨的同事在其宿舍的浴室里发现了莫里茨的尸体，莫里茨的死因也被怀疑为过度疲劳。

近年来，“过劳死”事件频发，引发了社会的广泛关注。统计显示，每年，由工作压力导致我国过劳死亡的人数达 60 万人。而在过劳死的人群中，年龄阶段呈现年轻化的趋势，平均年龄在 44 岁之下，IT 行业从业人员年龄最低，为 37.9 岁。

在金融行业中，年仅 25 岁的潘洁，生前在四大会计师事务所之一的普华永道工作。去世前由于加班、熬夜、出差连轴转，突发病毒性脑膜炎，年轻的生命就这样昙花一现，永远离开了这个世界，令世人惋惜。

在 IT 行业，林海韬作为网站技术研发人员，每天早上 9 点就打开电脑工作，为了赶项目经常加班到凌晨甚至通宵，2011

年 11 月，同样是 25 岁的林海韬因心脏衰竭而亡。

在零售行业，网店店主“艾珺 Aj”白天进货，晚上通宵拍照将新货品发到网上，几乎没有时间睡觉和吃饭，2012 年 7 月，最终在睡梦中去世，年仅 24 岁。

在传媒行业，世界知名的奥美集团北京分公司的员工李渊于 2013 年 5 月突发心脏病，经抢救无效死亡。据报道，李渊在死前一周已感到身体不适。

现代社会过于喧嚣和浮躁，许多人在这忙碌的世界上似乎再也找不到能让自己停下来休息的理由，只剩下匆忙和紧张、劳碌和忧愁。有位哲人说过：爬山的时候，别忘了欣赏周围的风景，假如工作的目的是为了挣钱，挣钱的目的是为了投资，投资的目的是为了挣到更多的钱，你就会在“爬山”的路上只顾低头爬山，完全忘记生活的目的。为了追逐更大的名利，为了获取更多的钱财，一往直前毫不停留，就连吃饭也是不知其味地匆匆填饱肚子。结果却是心累体衰，最终留下生命的遗憾。

在职场中，我们要学会劳逸结合，通过多样化、创意化的安排，给自己在繁忙的工作之余找点乐趣。虽说工作时间不能打游戏、看电影，但抽空浏览一下新闻、听听歌、活动一下还是可以的。人毕竟不是机器，无法长时间地集中精力。就像上学的时候一样，给自己安排一个时间段，或做个规划表。每完成一项工作或是过一个小时就放松 5～10 分钟，这样劳逸结合的调节，不但不会影响工作效率，反倒会因为张弛有度而让你的头脑更清晰；如果一整天都坐在办公桌前对着电脑，谁也受不了。如果不想让工作地点太过冷清，可以试着给办公室添加一些生活化的物品，种点绿色植物，摆上喜欢的饰品，工作空隙照看一下、欣赏一番，也能起到缓解情绪、放松心情的作用；此外，不要过于严肃，如果办公室气氛太过压抑的话，难免会影响你工作的心情。办公室氛围是靠人来营造的，没事的时候多和身边的同事沟通一下，分享最新了解的趣事，讨论关心的话题。或是经常组织集体活动，熟悉之后、交流多了，自然关系就好了起来。

人不是机器，不能持续不断地工作，这样不仅损害了身体，工作效率也是会下降的。劳逸结合才是最好的工作方式，它不仅能够缓解人的压力，让头脑更加清晰，还能使你工作起来得心应手，轻松愉快。

4

饮食要合理，会吃的女性更健康

合理饮食就是要由各类食物按照合理比例及模式构成，相互补益，提供全面、均衡、适度的营养素。这种饮食所提供的热能和各种营养素，不仅要全面，而且膳食的营养供给与人体的需要之间必须取得平衡，既不过剩也不欠缺，同时各种营养素之间能够保持合适的比例，相互配合而不失调，使供需之间均能达到营养平衡。由于现代人生活压力大，工作繁忙，正常的生活规律经常被打乱，使看似简单的一日三餐总是难以合理地安排。而有关专家指出，如何科学饮食，搭配好一日三餐，对每个人的身体健康至关重要。目前，对于那些都市上班族的女性来说，如何合理地安排一日三餐，均衡身体所需营养已经是非常重要的。因此，职业女性要学会“吃”，做到合理饮食。

由于职业女性的生活工作节奏加快，早餐很容易被忽视，特别是一些年轻的女性，对早餐的重视程度远远不够。其实，早餐是一天中最重要的一顿饭。因为一天的工作和学习大多都集中在上午，需要消耗大量的脑力和体力，如果养成不吃早餐的习惯，不仅影响工作和学习，久而久之还会对身体造成伤害。因为，经过一夜的睡眠与消耗，胃处于空虚状态，不吃早餐会使人体血糖不断下降，造成思维混乱、反应迟钝、精神不振，而且还会引起胆结石。因此，早餐对于人体所需营养是非常重要的。早餐应选择一些营养价值高、易消化吸收，含纤维质高的食物。

午餐一定要丰盛，食物品种齐全，这样能够提供各种营养素，缓解工作压力，调整精神状态。不要为了省时方便，午餐只吃一些包子、馄饨之类的主食，虽然热量供给达到了一天所需的标准，但是人体所需的优质蛋白质、钙、锌、维生素 A、维生素 C 等微量营养素明显不足。因此，人们一定要拿出充裕的时间来吃好午餐，并且应该注意提高饮食质量，多吃一些高蛋白食物，如鱼肉、鸡肉、瘦猪肉、牛肉、羊肉以及水产品和豆制品。因为这类食物中的优质高蛋白可使血液中酪氨酸增加，使头脑保持敏锐，对增强理解和记忆功能有重要作用。

晚餐饮食应避免吃高脂肪、高蛋白质的食物，因这些食物不但能影响夜间的睡眠，而且还可能导致营养过剩，消耗不掉的脂肪就会在体内堆积，造成肥胖，影响健康。所以，晚餐宜清淡，注意选择脂肪少、易消化的食物，且不应吃得过饱。要以富含维生素 C 和粗纤维的食物为主，这类食物既能帮助消化，防止便秘，又能供给人体需要的纤维素和微量元素，防止动脉硬化，改善血液循环，有益于人体健康；同时应吃富含碳水化合物的食物，如面条、面包、米饭和甜食等，能使血液中不能被肌肉细胞所吸收的色氨酸进入大脑，并转变为有镇静作用的血清素。

另外，还需要注意食物搭配，包括粗与细、干与稀、荤与素、冷与热等均衡。总之，合理饮食很重要，会吃的女性更健康。“吃”的学问还有许多，除了这些之外，建立合理的饮食制度以及良好的饮食习惯也是很重要的，应根据个人的生理需要和生活、工作性质加以合理安排。应当保证一日三餐，还要养成不挑食、不偏食、不暴饮暴食的良好饮食习惯，使摄入的食物能够充分地消化吸收和利用。

点赞正能量

饮食是维持身体机能的关键，“吃”关系着身体健康，因此，一日三餐要做到合理搭配，补给身体所需的营养，维持整个人日常生活所需的能量，让身体处在最好的状态，保证健康。

5

运动添活力，每天运动活力四射

生命在于运动。运动不但调动了身体各部位的肌肉，还引发了一系列的脑部活动。在这一过程中，运动可以刺激大脑进行正常运转，帮助人们保持头脑健康，同时提高智力水平。人们在运动时会做出各种动作，身体各部位都会被调动起来。肌肉负责实现这些动作，而大脑则必须对这些动作进行控制。只有大脑发出指令，身体各个部分才能做出不同动作。运动使大脑处于兴奋状态，而大脑在不断使用的过程中也会变得更加聪明。可以说，运动不但可以调动肌肉，还可以启动大脑的各项功能。实际上体育运动其实比人们过去所了解的更加有益于健康。

据科学家研究证明，经常从事体育运动有益于全身各个系统，可改善肌肉、心血管、呼吸系统功能，提高神经、内分泌和免疫调适能力，改善亚健康状况。从而达到人体形态结构、生理功能、运动能力的完好状态。使人精力充沛，活力四射，工作效率提高。经常参加体育锻炼可以培养良好的心理素质，减轻或消除紧张、焦虑和抑郁，培养自觉性、坚忍性、竞争意识，提高自控能力，使人学会超越自我，超越别人。这些心理素质有利于形成开朗的性格、坚强的意志和充分的自信心。

每天坚持锻炼，在体内就会形成一种免疫力，它能够阻挡病菌的侵入，同时，运动的结果是它能够在你的体内长期积累，即使你有一段时间没有运动，你的身体也不会马上出现问题，这就是说运动在体内是可以储蓄的。所以，做运动对你的身体有一万个好处。女性尤其要注意这一点。所以，一定要运动，享受运动的快乐，享受运动带来的健康身体，让自己活力四射。

由于每个人的身体状况有所不同，运动还是要遵循一定的原则进行，这样才能更有效、更科学。运动一般要遵循的原则是:强弱适度,循序渐进,节律有常,持之以恒。要先从简单、轻负荷量的运动开始,不要运动过度。运动量要循序渐进,逐渐加大,不可逞强。如有不适的感觉时要减少运动量。进行运动锻炼的强度要适宜,不应过猛和剧烈,避免全身大肌肉群同时快速运动。所谓适度,就是指不论做哪种运动,都要循序渐进,逐步增加运动量,量力而行,以自己不感到累或不适为宜。如主观感觉不对劲,心脏、头部感到不适,应调整运动强度和运动量。

运动虽是增强体质的有效方法,但要长期坚持,不能"三天打鱼,两天晒网",断断续续,忽冷忽热,那样就达不到锻炼的目的。"平常基本不动,周末基本全动,周一基本酸痛"的"周末战士"显然不明白锻炼不能积攒的道理。长时间不动的人突然拿出许多时间集中锻炼反而打破了已经形成的生理和肌体平衡,后果比不运动更差。一般来说,不论哪种运动,坚持三个月左右,不但会成为习惯,而且可收到锻炼效果。以后哪一天不锻炼,反而觉得身体不舒服,腰、腿觉得不灵活。还应提出的是,锻炼不但要注意季节变化,还要做到有劳有逸,有静有动。

可见,适当而科学的体育锻炼,能使生命之树常青,生活之水常流,锻炼是健康人生的重要内容。特别是在竞争日益激烈的今天,很多人都把精力投到工作之中,忽略了本应该坚持不懈的体育锻炼,结果使健康受到了损害。我们应该明白,健康是人生的第一财富,失去了健康也就失去了一切,因此,无论时间多么紧张,工作压力多么大,都不是牺牲健康的理由。挤出你的宝贵时间,为你的健康而进行一些锻炼,只有运动才能使人体的各种功能得到充分发挥,才能为工作生活增添活力,才能让自己活力四射、精力充沛,从而对未来充满信心。

点赞正能量

运动可以说对身体百利而无一害,可以改善身体机能,可以强身健体,对职业女性非常重要。它可以缓解压力,增添活力,让整个人精神饱满,对工作充满信心,对未来充满希望。

6 养成良好习惯，防范健康危机

现代社会，越来越多的职业女性忙于事业而忽视了健康，从而导致生活、事业都受到不同程度的影响。健康是女性幸福的资本，如果失去了这个资本，我们就失去了幸福的资本，那我们还凭什么去追求幸福，得到幸福，享受幸福。所以，关注健康、追求健康、保持健康应该成为每一个女人的终生的目标。但随着社会竞争的日趋激烈，女性面对的压力越来越大，这更要求我们要注意防范健康危机，养成良好的生活习惯。

如今，导致健康危机的主要有三点。一是不规律的生活。繁忙的工作，使得女性不能保障充足的睡眠。人体是一架极精密的机器，按生物钟有规律地运行，人为地违反生物钟，无疑又使自己向不健康迈了一大步。二是缺少体力活动。长时间地伏案工作，不是在办公桌前就是在电脑前度过近 10 小时，忙碌得甚至连抬一下头的时间都没有。久坐式工作、久卧式生活，易导致骨质疏松和其他疾病；紧张的脑力劳动可使神经体液调节失常，导致脂类代谢紊乱，血脂升高。三是不健康的饮食。随着生活水平的不断提高，女性在外就餐已非常普遍，饭店里的饭菜虽然上档次，却不是理想的饮食搭配。酒喝多了，饭菜就只是象征性地吃点，至于均衡的营养就更谈不上了。除此之外，由于平时不吃早餐或吃得不好、食盐过多、油炸食物进食过多，优质蛋白质进食少，都会破坏健康。

在了解以上三点的同时，我们在工作和生活中还要养成良好的习惯，不做以下对健康造成影响的行为。

(1)不要急于起床。早晨醒来后，仰卧、伸展身体，然后四肢平伸，拱拱背，让脊柱也有“苏醒”的时间，这可以避免腰痛，保持良好的姿态，在愉快的心情中开始每一天。

(2)重视早餐。早餐是激活一天脑力的燃料,不能不吃。许多研究表明,吃一顿优质的早餐可以让人在早晨思考敏锐,反应灵活,并提高学习和工作效率。研究也发现,有吃早餐习惯的人比较不容易发胖,记忆力也比较好。

(3)内衣、外衣分开洗。为防止洗衣过程中的交叉污染,损害人体健康,一些衣服最好分开洗:不太脏的衣服、太脏的衣服分开洗;乳罩、内衣裤、袜子最好单独用手洗;洗衣时不要放太多洗涤剂,要多漂洗几次,特别是内衣裤。

(4)不要洗冷水澡。女性因其特殊的生理原因,特别是在经期、哺乳期、怀孕期间,遇到冷水的刺激会引起内分泌失调、闭经、腹痛,而且许多细菌也会进入阴道引发阴道炎等妇科疾病,严重的对女性以后怀孕、生理健康都有一定的影响。

(5)注意饮食。月经期因经血的耗散,更需充足的营养;饮食宜清淡温和,易于消化,不可过食生冷,因寒使血细胞凝集,容易引起痛经,以及月经过少或突然中断等。不可过食辛辣食物,以避免子宫充血。

(6)定期体检。无论中青年还是老年女性,最好每年做一次体检,重要的是要保持体检的连续性,不要中断,以便早期发现高血压、高血脂、糖尿病,特别是隐性冠心病,防患于未然。

(7)坚持体育锻炼。女性的工作往往具有静而不动的特点,最易使人疲惫的莫过于长期不活动。运动能增加心肌收缩能力,增加肌体免疫力,增强肌体抗病的能力,还可以加快人体的新陈代谢,推迟神经细胞的衰老,帮助废物排出,从而起到防癌抗癌的作用。

(8)保持心情愉快。情绪不佳,会降低人体免疫力,容易诱发许多疾病。所以,要心胸开朗,保持良好的心理状态。

(9)睡眠充足。一旦疲劳过度,生理功能就恢复较慢,所以要想拥有旺盛的精力,就要保证拥有足够的睡眠。

(10)牢记补充水分。女性如果工作忙,需要熬夜完成工作时,一定要

喝足够多的白开水。不要靠吃泡面来填饱肚子，最好以水果、土司、面包、米粥、小菜来充饥。提神饮料最好以绿茶为主，既可以提神，又可以消除体内多余的自由基，让您神清气爽。但是胃肠不好的人，最好改喝枸杞子泡热水的茶，可以解压。

点赞正能量

身体出现问题，多半是不良的生活习惯所引起的。现在职场，压力大，事务繁忙，健康容易被忽视，不注意一些行为习惯，会对身体造成危害。为此，我们要养成良好的习惯，不给健康惹麻烦。

7

让心理健康，身体才能更健康

心理健康通常是指个体心理在本身及环境条件许可范围内所能达到的最佳功能状态，它通常被认为是一种积极、有效的心理活动，个人对社会和自然环境的发展和变化，以及自我内在环境具有良好的适应能力。随着社会经济的发展、人们生活水平的提高，心理健康正越来越受到人们的关注，而社会竞争的日益激烈，也使得心理健康越来越彰显出其在人们的生活、学习及工作中的重要性。真正的健康不仅仅指身体健康，健康的标准是身体和心理两方面都达到健康的要求。我们平常总是只注意身体的健康，并不太在意心灵的健康。实际上，心理的健康比身体的健康更为重要。所以，充满正能量的女性一定心怀阳光、心态良好的女性，是心理健康的女性。

那么，对职场女性来说，心理健康有哪些标准呢？

(1)心理年龄与生理年龄一致

人都有心理年龄和生理年龄。有些成年人心理年龄明显小于生理年龄,就会表现为对父母的过度依赖、不满意不顺心时会大发脾气等不成熟的举动。这其实是一种对现实的恐惧和逃避心理。

(2)能够控制情绪

怎么样算是心理健康,通过一个人对情绪的掌控能力就可以略见一斑。包括受到一定刺激时要有合理的情绪反应,以及情绪随着客观情况的变化而转移,引起情绪变化的因素消失以后,其情绪也相应逐渐消失,或者情绪稳定性好,通常能够保持心情愉快等。

(3)和谐的人际交往

能够有一个融洽和谐的人际交往关系,是心理健康的重要标志。其实人类的心理适应最主要的就是对于人际关系的适应;心理病态主要是由于人际关系的失调而来。因此想要知道怎么样算是心理健康,看看自己有多少挚友就一目了然。

(4)较强的心理适应能力

职场风云变幻,调职、转岗、跳槽、失业已成为一种普遍现象。身处其中,需要职业女性有较强的心理适应能力,能够快速摆脱原有境遇的影响迅速投入到新的工作环境中来。

(5)较强的疗伤能力

即遭遇重创后,心理从创伤中恢复到正常水平的能力较强。现代人每天遇到的突发事件很多,难免会遇到伤心、难过甚至绝望的时候,这时如果能够快速走出创伤困扰,对职场女性的心理保健有很大帮助。

女性天生多愁善感,职场女性面临着家庭和工作的重压,很容易产生心理问题,这些心理问题有时会对职业女性的身体健康也造成影响,如内分泌失调、经期综合征、更年期提前等。

2004年，一部由中国影视界著名艺人，第一次做导演的张艾嘉执导的《20 30 40》打动了很多人，该剧以独特、细腻的视角，描绘出了处于20、30、40岁的女性所面临的选择及生活压力。平移到职场中，很多职场女性也同样在这三个年龄层次中面临着诸多两难的选择，承受不同的但同样巨大的生存压力，需要经受危机的考验。她们无论工作还是生活都更具不稳定性，此时的压力主要来源于就业压力和竞争压力，她们在工作中渴望自我价值的实现，以及会面临感情的问题。而30～40岁的职业女性，虽然生活较为稳定，但工作也更易受到家庭、婚育和社会的影响，使工作和家庭、婚育之间的矛盾日渐增加。40～50岁的职业女性，已经逐渐接近职业生涯的终点，关注的更多的是自我价值在社会和家庭中的实现，此时新人给她们带来的竞争压力和家庭带来的压力会同时存在。

巨大的压力极易使女性的心理失衡。据调查，由于城市环境喧闹、住房拥挤、污染严重、劳动强度加大、休息时间减少等原因，加之作为女儿、妻子、母亲、员工等多重角色的矛盾与冲突长期存在，使很多职业女性有不同程度的心理问题和心理疾患，最常见的心理问题有：

(1)对自己认识不清：工作进展到一定阶段，很多女性对自己的认识反而模糊了。有的女性会在机会面前瞻前顾后，犹豫不决，有的会过于追求变化，而放弃有发展前途的工作。

(2)心理疲劳：随着阅历的增长，职业女性对工作的新鲜感逐渐减少，不少人出现了莫名的疲劳感，这种来自心理的疲劳感降低了工作效率，也会削弱职业女性未来发展的竞争力。

(3)寂寞：尽管生活和工作繁忙而紧张，可是一旦停止忙碌，在夜深人静的时候，就会从内心涌出一股渴望，渴望将生活中的烦恼、幻想和情感向人倾诉。

(4)恐慌症：近来，由年龄增长而产生的恐慌心理在许多女性中漫延，她们面临随时被老板解雇的风险，有的是过35岁而被众多招聘信息排斥。

(5)自信心不足：事业发展不顺利的时候，很多女性怀疑自己的能力，这在很大程度上是因为她们自信心不足，过多地消耗了她们的精力和时间，减弱了她们追求成功的动力，影响了工作效率。

(6)目标游移：许多职业女性爱跟别人比较，总觉得自己处处不如别人。这种来自内心的干扰容易使职业女性被外界的目标所迁移。

(7)观念陈旧，知识更新慢：社会发展到现在，许多观念已经渐渐被摒弃，但是一些职业女性的思维方式还停留在10年或20年以前。信息时代需要更新系统化、理论化的知识人才，许多职业女性欠缺这些。

(8)紧张症：中年职业女性是社会的中坚力量，是单位的组织、业务、技术骨干，是家庭的支柱，上有老，下有小，在社会和家庭中都处于承上启下的角色。她们为事业、家庭和子女而奔波，还要在上下级、同事、亲戚、家庭等纵横交错的人际关系中角逐。她们承受的各种压力较大，工作、生活节奏也较快，诸多的社会心理因素，常常使她们处于某种紧张状态之中，有的学者称其为职业女性"紧张病"。

心态好才会身体好，健心比健身更重要。我们不仅要预防病从口入，而且要预防病从心入。心理状态，已被世界卫生组织列为评价人体健康的四大指标之一。只要注意心理平衡，就掌握了健康的金钥匙。有的科学家甚至预言，21世纪心理治疗将是人类战胜疾病的最重要手段。所以，女性要善于调节自己的心理，保持心理平衡，拥有良好心态，才能真正拥有健康。具体的自我调适方法有：

(1)增强适应能力，培养自己的信心

职业女性要努力调整自我，增强适应能力，学会对各种现象作出客观的分析，正确的判断；在生活中遇到困难时不退缩、不逃避、不忧愁、不沮丧，树立起战胜困难的信心和勇气，注意调整自我，以达到心理上新的平衡。同时，充满自信的人，既能够把握住情感的风帆，也具有坚强的意志。

一般的挫折不能动摇其信念，再大的压力也不能使其心理失态。信心能给人以强大的精神力量，维护人的心理平衡。请相信，自信的女人最美丽！

(2)勤于进取，不断学习学会休闲，劳逸结合

为了适应社会竞争的环境，迎接生活的种种挑战，必须不断学习，更新知识。要面对现实，振作精神，参加培训，学习新技术，在职业领域里实现自己的价值。这样，可以减少失落感，生活得更充实。有些职业女性，整天忙于工作、忙于家务，无暇与亲朋好友谈心交流，更没有时间调节自己的生活。这样十分不利于心理的调试。应该动静结合，有劳有逸，在家庭生活和职业生活之间创造一种平衡。这样才能更好地享受生活。

中国的女性由于受几千年传统文化的影响，家庭观念很重。在外面打拼后回到家里还要履行家庭主妇的角色，长此以往就忽视了自己的存在，生活中没有自我，只有丈夫、孩子。把自己的感情世界完全依附在别人身上。因此当家庭中的任何一点变故出现，心里的天平马上出现倾斜而不能自拔，从而出现严重的心理问题。例如：沮丧、寂寞、孤独、失落等等。因此，女性要学会给自己留有一点空间，要有自己的生活圈子，自己的爱好和兴趣，要有自己独立的人格，生活才有意义。

(3)善于解脱压力，保持随遇而安的心境

人生征途上常是顺境与逆境交替，失败与成功并存，欢乐与苦恼同在。中年女性要做到遇事想得开，不钻“牛角尖”，在挫折面前，以理性认识来控制个人的情绪。例如，当忍不住要发脾气时，可冷静地审察情势，检讨反省，以便清醒地认识到发脾气是否合理、后果如何，以及有无其他更为适当的解决方法。例如，当你周围的同事升迁了、或者工资待遇比你高了，你应当冷静地考虑一下自己的劣势，有哪些需要提高和改进的地方，而不是怨天尤人，这样才能保持心态的平和。不断地完善自己，方能够消除或减轻心理紧张和心理压力。因此身处逆境时能进行自我安慰、自我解脱，换位思考，拥有一颗感恩的心，始终保持良好的心理状态，才能心境稳定，心态平和，生活幸福。

(4)摈弃完美,知足常乐

有的女性总是希望一切事情要达到完美,无论事业、家庭、丈夫、孩子、经济状况等。但是绝对的完美是没有的,在追求完美的过程中将要失去许多本该属于你的东西。生活总是充满遗憾,在你感叹自己不如别人的时候,可能还有许多人在羡慕你所拥有的一切,知足常乐,随遇而安,保持一颗平常心,一定可以拥有快乐。

(5)拥有理解、宽容他人的胸怀,建立良好人际关系

要想拥有一个快乐的心境就要做到宽容+“理解”。女性在生活中有多个角色,这就要求她要处理好方方面面的关系。首先要理解、尊重他人,真诚相待,“以心换心”,另外还要对来自别人的一切做到最大限度的宽容。理解与宽容是处理好人际关系的两大法宝。相互关心,助人为乐能促进心理健康。当你理解和宽容了别人的同时也收获了快乐。

(6)建立多元化的生活方式

生活单调是许多疾病形成的原因之一。建立文明、健康、科学的生活方式,对于提高身体素质,防止积劳成疾至关重要。合理安排生活节奏,做到起居有常、睡眠充足、有劳有逸,学会在繁忙中求得休息,培养广泛的兴趣爱好,工作之余养花植树、欣赏音乐、练习书法、绘画、打球、练太极拳等,可以怡人情志,调和气血,利于健康。以散步为例,茶余饭后,全家一起散步,不仅有利于健康,而且还能促进全家人的情感交流。在大自然的陶冶下,人的紧张情绪会得到调节,压抑感会得到减轻。正因为如此,散步等活动已为现代化的生活方式所推崇。女性朋友还可以用逛街购物、美容等方式来缓解压力。

(7)学会倾诉,培养幽默感,及时调整不良情绪

当感到巨大的心理压力和出现悲伤、愤怒、怨恨等情绪时,要勇于在亲友面前倾诉,作合理的宣泄;在他们的劝慰和开导下,不良情绪便会慢慢消失。遇有不快之事,把内心的苦闷全部倒出来,是解除心理压抑感的妙方。此时,找人谈心倾诉苦衷,不失为减轻痛苦的一种方法。另外,心理学的研究证明,要想心理健康,固然应当笑口常开,但同时也必须提倡想哭则哭。

因为哭能排泄体内的毒素，改变人体的内分泌应激状况，调节人的不良情绪。幽默是化干戈为玉帛的灵丹妙药。幽默能使紧张的精神放松，避免刺激和干扰，摆脱窘困，消除身心的痛苦，调节和保持心理健康。

(8)必要的药物干预

当情绪紧张、焦虑、抑郁、身体明显不适或出现了明显的更年期症状时，不要恐惧、担心。我们可以采用中医药手段干预，如汤药、针灸、推拿、理疗等，严重时可服用一些调整自主神经功能、抗焦虑、抗抑郁的西药。

那么我们该如何拥有一个健康的心灵呢？

(1)宣泄情绪，调节心理。女性在工作及生活中遇到麻烦是在所难免的，但切忌不要将忧愁痛苦强行积郁在胸。心情郁闷时，应尽量想办法"宣泄"或转移，可以找知心朋友聊聊，一吐为快，或出去散散步，看看电影、电视等。遇有大的委屈或不幸时，亦不妨痛哭一场。

(2)广交朋友，充实生活。设法摆脱狭窄的工作环境和自我小圈子，多多交朋友。良好的人际关系有益于心理健康和事业的成功。在交际中相互理解和表达交流思想感情，有效地调节、改善大脑的兴奋与抑制过程，进而消除疲劳，使自己从紧张、乏味、无聊的小圈子中走出来，进入兴趣盎然的境界。

(3)劳逸结合，有张有弛。女性朋友们应该客观地认识和评价自己的承受能力，把握机遇，发挥自己的长处，并学会在快节奏中提高自己的心理承受能力，在各种事件中基本保持心理平衡。要科学安排工作、学习和生活，制订切实可行的工作或学习计划，并适时保留余地。

(4)适时做心理咨询。倘若你遇到心理危机而难以自行解脱，不妨求助于心理咨询机构，通过心理医生的安慰、劝导、启发，能使女士的情感、意志、态度、认识、行为等发生良性转化，增强信心，进而保持身心健康。

点赞正能量

现代社会，心理健康愈发重要，对工作和生活都有极大的影响，可见它的健康与否意义重大。作为职业女性，压力虽大，但一定要学会排解，保持自信乐观，使身体更有活力。

8

关注生活细节,让健康无懈可击

俗话说,细节决定成败,健康也是如此,尤其是女性,注意生活细节对健康非常重要,稍有不慎,可能就会引起身体的不适。因此,我们要重视生活中那些可能影响身体健康的细节,多加注意,让健康无懈可击。作为女性,在生活中应该注重以下几个细节:

(1)牙齿健康不容忽视。牙齿是我们消化系统的卫士,也是女性形象的门面。一副健康的牙齿,不仅可以给人以美观,更可以嚼碎食物,利于消化,还可以帮助我们发音。因此保护好牙齿很重要。刷牙是保护牙齿的最好方法,通过刷牙可以清除牙齿表面和牙齿间隙的食物残渣及污物,预防龋齿,还可以使牙龈得到按摩,改善牙周组织的血液循环,从而减少牙周病的发生。刷牙的次数至少一天两次,即早上起床和晚上睡觉前刷牙,晚上刷牙更重要。每次刷牙的时间要达到三分钟以上,才能使牙膏与牙齿充分接触,发挥其按摩清洁、杀菌和其他多种保健功能。

正确的刷牙方法应该是刷毛与牙面成 45 度角,刷毛头指向牙龈方向,转动刷头,上排牙齿从上往下刷,下排牙齿从下往上刷,咬合面来回刷;另一种方法是从牙龈往牙冠方向旋转刷。将牙刷朝冠向做小环形旋转运动。刷后牙咬合面时,将牙刷毛放在咬合面上,前后来回刷。刷牙的顺序是先刷外面,再刷咬合面,最后刷里面。从上到下,从左到右,从外到里,按着顺序每个部位反复刷洗 8 ~10 遍,然后将牙膏沫在口中含 1~2 分钟,以充分发挥其中药物的杀菌作用。

(2)女性应慎重选用内裤,如果穿着不当,就会引起不适。通常,对化

纤内裤过敏者，发病时会出现瘙痒，若用肥皂清洗、热水烫或搔抓，会造成局部糜烂，白带增多。由于白带的长期刺激，使小阴唇继发乳头状瘤。此瘤是由慢性炎症所致，主要症状表现为小阴唇内侧刺痒，从而使外阴瘙痒更加严重。若继续穿着化纤内裤这个致敏原，症状就不会消除。至于市场上销售的药裤，其所含的药物种类繁多，很多药物会引起局部乃至全身过敏性皮肤炎症，因此，需要我们多加注意。

(3)化妆品可以改善女性的容貌，保持皮肤和毛发的健美，从而增添女性的美感和魅力。但是，在某些情况下，使用化妆品不当，也可引发皮肤、黏膜、毛发、指甲的损伤或疾病，即化妆品皮肤病。现在，商店里化妆品琳琅满目，电视广告中也不断涌现新品。有的人认为只要是新品就是好的。于是赶时髦、争购新上市的化妆品，把自己的脸蛋当作各种化妆品的“试验田”。很多人错误地认为，化妆品价格越贵越好，越能显示自己的身份。其实，化妆品越高档，其中香料等所含成分就越复杂，过敏机会也就越多。这就要求广大女性在使用新品前，可先做皮肤斑贴试验。取少许直接涂抹于前臂或背部，24～48 小时后观察结果，如果局部皮肤出现红肿、水疱、发痒等，则不宜使用该品；应根据自己的皮肤类型，正确选用化妆品。

(4)卫生巾是女性经期的好伴侣，如何挑选优质的卫生巾对身体健康意义重大。女性在选择卫生巾时，首先要看是否能保证卫生，其次要看是否有一定的透气性。这就要求女性要细心，选内衣也是如此，不要把新买的内衣马上穿在身上，这对身体不利，所以，买来的衣服特别是贴身穿的内衣，要放在清水中浸泡数小时，然后用清水冲洗 2～3 遍，晾干后才可以穿。

点赞正能量

女性的身体健康受许多细节的影响，很多看似不经意的细节，说不定正在侵蚀你的健康，因此，我们须从细节入手，从小事做起，关注健康，呵护健康。

9

科学健身，避开减肥误区

现代人都热衷健身运动，尤其是女性，都希望通过运动达到瘦身的目的。但我们也要知道，由于年龄以及人身体结构的不同，运动的方式也应该有所变化，不可盲目，否则只会收到相反的效果。例如，20 岁时身体功能正处于鼎盛时期，各方面素质均达到人生的最佳点，骨骼成长的最佳阶段，可以将跑步、力量训练等负重练习纳入锻炼方式。而 30 岁以上年龄段的人的身体功能已过了顶峰。特别是对一些有生育经历的女性而言，由于积累了过多的皮下脂肪，要在保持健康的基础上，锻炼身体的肌肉和柔韧性。这阶段的女性每周最好能保持去两次健身房，参加一些器械训练，如举哑铃等，以提高新陈代谢率、燃烧多余的热量、增加肌肉力量。

那些想通过健身达到减肥目的的女性朋友应该注意以下几点，做到健康减肥。

(1)健身不是瘦身。健身的目的大部分在于塑形，塑造美好的体形，而并非追求瘦。想要塑形，就要注意锻炼身体各不同部分。在使用健身器械时，注意咨询健身教练，在其指导下塑造出理想的体形。

(2)空腹运动更能消耗脂肪。空腹运动的时候对我们的身材健康会有很大的影响，人体器官会消耗储藏在肌肉和肝脏里的脂肪、蛋白质与糖，所以，不应提倡空腹运动，这样对身体无益。

(3)少吃一餐能减肥。有些人觉得少吃一顿饭，就可以减少食物的摄入，有助于瘦身。其实这种观点并不科学。节食减肥的最终目的是控制过多的热量摄入，而不是盲目地不吃食物。科学减肥应该制定一个科学控制卡路里摄入的营养减肥食谱，再配合适当的运动，才会达到健康减肥

的效果。

(4)切忌剧烈运动中或运动结束后立刻大量饮水，这样会造成胃肠、心脏和胰脏等部位的疾病。喝水时不要猛灌豪饮，应小口慢慢饮，如此才能达到良好的吸收效果。而且运动后不要喝酒，它会使血液中的尿酸增加，使关节受到很大的刺激，引发关节炎症。

(5)出汗越多减肥越成功。在健身房锻炼时，你出汗很少，有时甚至只有一点儿汗珠，而你的同伴却挥汗如雨，汗流浃背，那么这时的你是否为此感到既焦虑又沮丧呢？不必担忧，科学研究证明：流汗消耗的是水、盐分和矿物质，而不是脂肪。锻炼时出不出汗同是否消耗脂肪没有关系。

(6)运动要合理且适量。有效运动量对于减肥者来说是非常关键的，如果运动强度和运动时间不够，没有达到有效运动量，根本达不到减肥效果。刚刚开始运动或长时间没有运动的人，头两次运动一定要减轻运动强度，以免身体机能没有得到充分调整，而对身体造成伤害。

虽然健身对身体有益，但也要注意方式方法，不可盲目。对于那些想通过健身减肥的女性来说，更应该做到科学合理，不然不但达不到减肥的目的反而适得其反，更甚者损害身体。

10

职业女性不可不知的健康忠告

让我们听听医生对女性的健康忠告，遵循医学常识养成良好生活习惯，保持我们的健康：

(1)内衣不宜过紧；
(2)晚餐不宜过饱，睡前别吃夜宵；
(3)生理期不吃巧克力，那会加重痛经；
(4)经期只穿无钢圈内衣；
(5)养成记录生理周期的习惯；
(6)通过运动而非调整型内衣来塑造曲线；
(7)不翘二郎腿，以免压迫神经；
(8)不穿标有“免烫”标识的衣服；
(9)去年的衣服要进行曝晒后才可以穿；
(10)如非必要，不使用卫生护垫；
(11)定期检查化妆品的生产日期；
(12)洗浴后一小时再化妆；
(13)每周只用一次清洗液，用温水清洁私密部位；
(14)染发频率控制在最多半年一次；
(15)了解自己的家庭病史，特别是母亲和外婆的病史；
(16)每天踏进办公室，先将窗户打开透气，再坐下来工作；
(17)复印文件时，与复印机保持至少一米的距离；
(18)只在非常必要时才用滴眼液；
(19)不趴在办公桌上午睡；
(20)午休的时候不玩电脑游戏；
(21)别让电脑包围你，它的侧、背面辐射更凶；
(22)不要将笔记本电脑放在腿上使用；
(23)在办公桌上养一盆仙人掌，帮助吸收辐射；
(24)阅读完报纸后，记得清洗沾在手上的油墨；
(25)每 30 分钟伸一次懒腰；
(26)办公室地毯定期清洗杀虫；
(27)用完电脑后要清洁面部及手部，清除辐射微尘；
(28)下班时将洗净的水杯倒扣在办公桌上；

(29)单肩的短带挎包会加重肩周炎症状；

(30)公文包里口红与签字笔分格存放；

(31)穿高跟鞋不要太长时间；

(32)每周超过 22:00 的加班不多于一次；

(33)浴室保持干燥，防止霉菌滋生；

(34)淋浴不超过 10 分钟；

(35)不要坐在马桶上看报纸；

(36)用温水刷牙，同时刷刷舌头；

(37)用冷热水交替洗脸；

(38)不用塑料器皿盛装热水；

(39)定期清理冰箱；

(40)微波炉在工作时，请离开厨房；

(41)慎用抽油烟机；

(42)晚餐时关掉电视机；

(43)尽量避免用厚绒布窗帘；

(44)杀虫剂和清洁剂要放在远离起居场所的储物间；

(45)用天然的花香或果香代替芳香剂；

(46)和宠物嬉戏要认真洗手；

(47)冬天居室里的加湿器要用纯净水；

(48)头发没干时，别急着入睡；

(49)觉得还可以再吃半碗饭时，离开餐桌；

(50)多喝酸奶；

(51)无论什么原因，都别抽烟；

(52)在菜谱里添加杂粮和蔬菜；

(53)饮绿茶胜过红茶；

(54)重视早餐多过晚餐；

(55)控制盐的摄入量；

(56)起床后先刷牙，再喝水；

(57)经常嚼口香糖；

(58)一早一晚，两个苹果可以有效改善便秘；

(59)纯素食可能导致荷尔蒙分泌异常，造成不孕；

(60)每周至少吃一次鱼；

(61)远离可乐等碳酸饮料；

(62)不喝久煮的火锅汤；

(63)果汁与牛奶不同时喝，它们是天生的冤家；

(64)饭前吃水果胜过饭后；

(65)睡前可以来一杯红葡萄酒；

(66)喝咖啡可能引起女性骨质疏松；

(67)多享受早晨 8～9 点的阳光；

(68)跑步、骑脚踏车等运动可以保持优美的腿部线条；

(69)热水泡脚可有效预防静脉曲张；

(70)精神极度疲倦时并不适宜以运动减压，休息更重要；

(71)10 层以下，不乘坐电梯；

(72)每三个月改变一次你的健身菜单；

(73)每天运动半小时，而非周末运动 3 小时；

(74)运动前先卸妆；

(75)在游泳池里一定要戴上泳帽和泳镜；

(76)经常散步；

(77)午休也是健身的好时间，不一定非等到晚上；

(78)光脚穿运动鞋固然舒服，却对健康不利；

(79)睡半硬的床铺更有利于颈椎健康；

(80)去正规的医院而非美容院接受按摩；

(81)非运动状态下不喝功能性饮料；

(82)运动后休息半小时再入浴；

(83)不在过吵的健身房中锻炼。

工作生活中，人总是会面临一些健康危害，如果这些危害是我们可以避免的，那就听从忠告尽量避免，而不是“知错不改”，给身体健康带来隐患。我们要做的就是为了健康行动起来。